LE ROMAN DE LA SCIENCE
en 1998

AGENCE SCIENCE-PRESSE

LE ROMAN DE LA SCIENCE
en 1998

Préface de
Charles Tisseyre

Illustrations de
Jacques Goldstyn

Données de catalogage avant publication (Canada)

Vedette principale au titre :

Le roman de la science en 1998

ISBN 2-921146-76-2

1. Sciences. 2. Biotechnologie. 3. Génétique. 4. Médecine. 5. Sciences spatiales. 6. Environnement – Protection. I. Agence Science-Presse.

Q158.5.R65 1998   500   C98-941613-5

Dépôt légal : 4e trimestre 1998
Bibliothèque nationale du Québec, 1998
Bibliothèque nationale du Canada, 1998
ISBN 2-921146-76-2

Les Éditions MultiMondes
930, rue Pouliot
Sainte-Foy (Québec) G1V 3N9
CANADA
Téléphone : (418) 651-3885 ; sans frais 1 800 840-3029
Télécopieur : (418) 651-6822 ; sans frais 1 888 303-5931
Courrier électronique : multimondes@multim.com
Internet : http://www.multim.com

Merci, Fernand Seguin

L'année 1998 a marqué le dixième anniversaire de la mort de Fernand Seguin. Premier véritable communicateur scientifique de chez nous, Fernand Seguin, pendant plus de quarante ans, a initié tous les publics à la «joie de connaître» et servi de modèle aux communicateurs scientifiques québécois d'aujourd'hui.

Préface

La science est partout. Que vous soyez de ceux qui la craignent ou l'adulent, que vous vous teniez aussi loin que possible des personnes en blouses blanches ou que vous soyez un de ces chercheurs, vous n'y échappez pas. Entre les perspectives de clonage humain et de colonisation de la planète Mars, entre le déferlement du réseau Internet et la puissance des compagnies pharmaceutiques, entre le désespoir des victimes d'une crise de verglas et la joie des gagnants d'un concours d'inventeurs, le mot «science», qui fait si peur à tant de gens, surgit de partout – et va surgir de plus en plus, à mesure que nous entrerons dans le XXIe siècle.

Il y a longtemps que la science n'est plus réservée à une élite. Elle est au centre d'enjeux économiques, politiques, moraux, avec le développement fulgurant des biotechnologies ; elle vient nous chercher dans nos déplacements, nos loisirs et jusque dans nos assiettes ; elle inspire des artistes, des romanciers, des cinéastes. Elle fait partie intégrante de notre culture.

Mais on a trop tendance à la négliger, à la laisser dans son coin, à la considérer comme une partie négligeable de notre culture. Certes, quand il ne s'agit que d'un petit robot qui tourne en rond sur Mars, ou d'une anthropologue qui converse par signes avec un chimpanzé, elle attire la sympathie de tous. Mais quand elle parle d'enzymes, de neutrinos ou de stratosphère, on préfère trop souvent changer de sujet, tourner la page ou zapper, comme si on concluait d'emblée qu'il s'agit-là de quelque chose de trop lointain pour nous affecter.

Au Québec, depuis près d'un demi-siècle, des communicateurs scientifiques s'acharnent à nous démontrer le contraire. Marchant sur les traces de Fernand Seguin, ces journalistes de la presse écrite et électronique ou les rares scientifiques dotés d'un talent de vulgarisateur, comme Hubert Reeves, nous rappellent, semaine après semaine, qu'il est aujourd'hui impossible de se couper de la science. Impossible et malsain parce que, ce faisant, on risque de laisser tout le terrain aux charlatans et à ceux qui ont justement intérêt à vouloir prendre tout le terrain.

À l'émission *Découverte,* nous sommes, semaine après semaine, confrontés à la difficulté de cette tâche : car la science n'est jamais facile à vendre dans les médias, et la traduire en termes simples relève parfois de la haute voltige. Nous qui accomplissons ce travail depuis maintenant 10 ans, sommes doublement conscients de l'ampleur du travail accompli par l'Agence Science-Presse depuis 20 ans.

Vingt ans de vulgarisation scientifique, la plupart du temps, de surcroît, à l'intérieur des médias les plus humbles, c'est un anniversaire que ce livre permet de souligner à sa façon. Et si les textes qu'il contient réussissent à vous faire prendre un temps d'arrêt, s'ils contribuent, à leur façon, à remettre en ordre dans vos têtes quelques-unes des pièces disparates constituant le puzzle 1998 de la science, alors un pas important aura été accompli.

Fernand Seguin en serait certainement content.

Charles Tisseyre
Animateur de l'émission Découverte *à Radio-Canada*

Table des matières

Introduction 1

PREMIÈRE PARTIE – À VOTRE SANTÉ! 9

La science fait-elle toujours recette?
par Isabelle Burgun 13

La grippe du poulet: grosse nouvelle, petit virus 16

Six cadavres, un virus et une enzyme 19

Les grands maux de l'humanité 22

La planète sida 22

Le cancer: faux espoirs ou vrais progrès? 25

Une nouvelle stratégie: couper les vivres au cancer
par Guy Paquin 30

Les effets pervers d'une bonne nouvelle 33

Les grandes peurs 35

Une cuillerée de mercure, avec votre déjeuner?
par Isabelle Roberge 35

Chasse au mercure dans les hôpitaux *par Valérie Borde* 39

Champs électromagnétiques: et si on passait
à autre chose? *par Emmanuèle Garnier* 42

Le Prozac pour les jeunes: une prison chimique?
par Isabelle Rivest 46

Rire un bon coup 49

Pilule bandante 49

Viagra: et de 16! 52

Soigner le rhume avec le sapin et le gin!
par Luc Dupont 53

En bref et en vrac 57

Entracte : Le *Titanic* 63

Les secrets du *Titanic par Pauline Gravel* 65

Le code morse subira le même sort que le *Titanic*
par Isabelle Lanthier 69

Deuxième partie – MANIPULER LA VIE 73

Pistez l'argent 77

Clonage : une affaire de gros sous qui fait peur 77

Le jour de paye des biotechnologies 80

Le clone et l'argent du clone 82

Ceci n'est pas un épisode des *X-Files* 84

Aliments transgéniques : les Français s'expriment 85

Des porcheries pour faire pousser des organes humains
par Michel Marsolais 87

Nouvelle-Zélande : le pays de la génétique forestière
par Pierre Dubois 90

À qui le crime profite 93

Bioterrorisme : la vraie peur de l'an 2000 93

Armes biologiques : premier acte 96

La passion 99

L'ennemi aux 4 millions de morceaux 99

Un Québécois sous la coupole *par Luc Dupont* 101

Expo-sciences : la piqûre des biotechnologies
par Isabelle Rivest 105

Entracte : Le vin 109

Descente au cœur des arômes *par Luc Dupont* 111

TROISIÈME PARTIE – MANIPULER LA PLANÈTE 115

Un avenir incertain 119

Une fin de siècle tout en chaleur 119

Le climat est-il déréglé? 120

Réchauffement global: l'homme ou la nature?
par Luc Dupont 122

La couche d'ozone est-elle un fromage gruyère? 125

Les dégâts dans notre cour 127

Comment gérer la forêt de l'après-verglas
par Luc Dupont 127

Quand la nature pousse au suicide *par Isabelle Rivest* 131

Haroun Tazieff: le poète du feu et le clown d'amiante 133

Problèmes locaux 136

Les aventures d'une truite exotique *par Alain Demers* 136

Manger des poissons du Saint-Laurent, est-ce grave,
docteur? *par Alain Demers* 139

La pelouse: adorable mais dangereuse
par Hélène Côté 142

C'est confirmé: le samedi, il pleut! 146

Avoir du pif 148

ENTRACTE: LES ORDINATEURS DU FUTUR 149

Ordinateurs: comment briser la barrière du possible?
par Philippe Gauthier 151

Calculer avec de l'ADN *par Anne Vézina* 154

QUATRIÈME PARTIE – COSMOS 1998 157

Si le ciel nous tombe sur la tête 161

Auriez-vous vu mon parapluie antimétéorites? 161

Armageddon: la science passée au tordeur
par Pascal Lapointe 164

L'avenir de l'exploration spatiale 167

Histoire d'eau *par Pascal Lapointe* 171

La chasse à E.T. 174

Chicanes martiennes 174

Le visage de la crédulité 177

L'autre monde 178

Comment chercher un extraterrestre 181

À l'échelle de l'Univers 183

Comme des milliards de bombes atomiques 183

La clef de l'Univers 185

Le phare cosmique 188

La fourmi et la supernova 190

Si vous préférez l'astrologie 193

Avez-vous vu disparaître l'île d'Orléans?
par Pascal Lapointe 193

La folie de la pleine lune *par Michel Marsolais* 197

Cinquième partie – LA SCIENCE, C'EST AUSSI 199

La vie sexuelle des crapauds 203

Dieu est-il microbiologiste? 204

Souvenir de dinosaure 205

Le défunt le plus controversé du monde 206

Les Ginos préhistoriques 209

La grenouille qui pisse le plus loin 210

La vérité toute nue 211

Notre espion dans l'écran de fumée 212

Donnez-moi de l'oxygène 214

Le dentiste d'Astérix 215

Conclusion 215

Introduction

*U*n dimanche après-midi, à Montréal, dans la salle de nouvelles d'un réseau de télé. Une jeune journaliste qui couvre un congrès d'homéopathes commence son reportage ainsi : «La controverse entre homéopathie et médecine traditionnelle se poursuit.» Et pour appuyer cette affirmation, elle fait parler trois personnes : un homéopathe, un homéopathe et un homéopathe.

Un autre dimanche après-midi. La salle de nouvelles d'un quotidien montréalais. Sur le fil de presse international, tombe une nouvelle en provenance d'Écosse : des chercheurs ont réussi à cloner une brebis, appelée Dolly. Le lendemain matin, ce journal n'aura pas une seule ligne sur cette nouvelle. Un, deux, peut-être trois journalistes l'ont aperçue sur le fil de presse, mais personne ne l'a jugée digne d'intérêt, à côté des dizaines d'autres nouvelles de ce dimanche-là.

Ces faits ne sont pas isolés. Et ils ne témoignent pas d'une grossière incompétence. Ils révèlent plutôt l'extrême difficulté que représente la couverture de la science dans les médias. Dans les médias de partout sur la planète, soit dit en passant : jusqu'au prestigieux *New York Times* qui s'est retrouvé étrillé cette année pour une couverture scientifique que l'hebdomadaire *The Nation*, longue enquête à l'appui, accusait d'être biaisée.

Pourquoi la science est-elle si difficile à couvrir ? La cause n'est pas celle que l'on imagine généralement. Ce n'est pas parce que les journalistes n'ont pas étudié en science, comme trop de scientifiques voudraient le croire. Ce n'est pas non plus parce qu'ils ne parlent pas «science» couramment, comme trop de journalistes semblent le croire... spécialement ceux qui sont atteints d'un complexe d'infériorité aussitôt qu'est prononcé le mot «scientifique».

La difficulté provient plutôt de ce que l'actualité scientifique représente souvent quelque chose d'évanescent, de fuyant. Quelque chose qui ne se range pas très bien dans des petites cases traditionnelles.

En politique, la conférence de presse d'un ministre constitue, à n'en pas douter, «la» nouvelle du jour. En science, la conférence de presse d'une entreprise pharmaceutique constitue plutôt l'aboutissement d'une nouvelle : si on y annonce le lancement d'un nouveau médicament, c'est parce qu'il y a, derrière, des années de tests, elles-mêmes nées d'un besoin social, d'une avancée scientifique ou d'un pari financier.

Certes, les journalistes ne sont pas dupes des «miracles» que leur annoncent les compagnies pharmaceutiques. Mais comme ces avancées scientifiques, ces paris économiques, ces besoins sociaux, n'ont pas fait l'objet, au fil des ans, de reportages fouillés ou d'un suivi rigoureux, les communicateurs se retrouvent démunis. Ils savent d'instinct que la compagnie est peut-être en train de les manipuler avec ses statistiques mirobolantes ; mais comme les épisodes qui ont mené à ce médicament ne sont connus ni d'Ève ni d'Adam, les scribes, de surcroît pressés par le temps, n'ont d'autre choix que de partir avec le communiqué de presse et de faire avec.

En comparaison, quelle conférence de presse d'un ministre n'a pas été précédée de mois de supputations, de ballons d'essai, de plans d'action, de livres blancs, d'audiences publiques, toutes abondamment couvertes par les médias ? Les nombreux journalistes qui suivent le dossier depuis le début sont donc capables d'écrire, les yeux fermés ou presque, sur ses tenants et aboutissants.

Cette comparaison n'a pas pour but de se mettre à vanter les mérites d'une couverture scientifique au jour le jour qui serait similaire à celle qu'on accorde à la politique ; aucun média « grand public » n'aurait suffisamment de place pour couvrir les supputations, les ballons d'essai, les plans d'action, les séminaires, les

demandes de subvention, dans tous les domaines, de l'astronomie à la zoologie! En revanche, on voit tout de suite apparaître
la raison d'être d'une couverture axée sur l'explication, l'analyse,
la synthèse. Ce qu'on appelle, en langage journalistique, les «fea-
tures». Les dossiers. Les reportages plus longs, plus fouillés, plus
étoffés. Ceux qui laissent le lecteur avec le sentiment d'être soudain plus intelligent. Ceux qui font le tour d'une question potentiellement complexe. À mi-chemin entre, d'un côté, les dossiers
beaucoup plus longs et beaucoup plus fouillés que peuvent se permettre les magazines – ils ont plus de place – comme *Québec
Science* ou *Interface*, ou les émissions comme *Les Années-lumière*
et *Découverte* et de l'autre côté, les articles plus courts – comme
ceux qui résument, justement, une conférence de presse – que
publient traditionnellement les journaux.

C'est ce que nous nous astreignons à faire, à l'Agence Science-
Presse, et c'est ce type d'article que vous retrouverez dans ce livre :
synthèses, explications, analyses. Des textes destinés à éclairer
l'ensemble d'un sujet : l'arbre plutôt que la chute d'une de ses
feuilles ; la variation climatique plutôt que le nuage qui passe ; l'avenir de la propulsion plutôt que le lancement d'une sonde spatiale
dotée d'un nouveau mode de propulsion ; les retombées de la crise
du verglas plutôt que la crise.

Des textes qui se veulent des outils offerts au lecteur pour décoder un fait d'actualité, que ce soit la photographie d'une supernova apparue fugitivement au téléjournal, l'étude d'une prestigieuse
revue scientifique sur la fonte des calottes glaciaires ou une mys-
térieuse grippe apparue à Hong-Kong et qui semble beaucoup les
faire paniquer, là-bas... Ces articles que nous vous offrons ici sont
parus tour à tour dans des quotidiens comme *La Presse* et *Le Soleil*,
dans notre bulletin, *Hebdo-Science*, ou sur notre site Web (http:
//www.sciencepresse.qc.ca) ; ils représentent la modeste contribution d'une toute petite agence de presse à une meilleure compré-
hension de ce qui fut, par moments, un pan central de l'actualité

en 1998. Et reliés entre eux comme les perles d'un collier, ces textes forment la trame d'une année scientifiquement fascinante.

Évidemment, l'Agence Science-Presse, pour ceux qui la connaissent, ne produit pas que des articles explicatifs, mais aussi des capsules : des nouvelles brèves – un paragraphe ou deux – que republient les hebdomadaires régionaux et les journaux de quartier abonnés à *Hebdo-Science*, qu'utilisent des stations de radio, des magazines spécialisés et même, depuis l'an dernier, des sites Web. Et derrière ces capsules, c'est toute l'histoire de l'Agence qui s'écrit.

Il faut savoir qu'au contraire des agences de presse nationale (comme la Presse Canadienne, mieux connue des lecteurs de quotidiens sous son acronyme « PC ») ou internationales (AFP, AP, Reuters, etc.), l'Agence Science-Presse n'a jamais tenté de rapporter l'actualité du lundi pour le mardi : les quotidiens, la radio, la télé, sont là pour ça. Mais même cette contrainte éliminée, l'Agence ne s'en est pas moins retrouvée, dès ses origines, avec une montagne de documents sous la main, tous autant liés à l'actualité, et pourtant rarement décortiqués par les médias traditionnels : des magazines, du *New Scientist* à *Science et vie* en passant par *Science* et *Nature*; des journaux universitaires; des congrès, des colloques, des conférences. Des montagnes d'informations qui ne justifiaient pas toutes des explications, des analyses, des synthèses, mais méritaient tout de même qu'on en fasse mention : en un paragraphe ou deux, ou trois, on pouvait passer au-travers d'une recherche sur l'impact de la musique dans les marchés d'alimentation, une étude statistique sur les stratégies les plus payantes au Monopoly (eh oui !), une hypothèse sur l'origine des trous noirs, ou du cancer de la prostate, ou d'El Niño, une prévision inquiétante sur une future ère glaciaire, une pénurie de pétrole ou une légion de clones humains... Des montagnes et des montagnes d'informations dans tous les domaines possibles et imaginables qui, par leur aspect tantôt fantaisiste, tantôt loufoque, tantôt fascinant, tantôt inquiétant, traduisent la science dans ce qu'elle a de meilleur et de pire.

Décrire la science sous toutes ses coutures c'est, ultimement, nous décrire nous-mêmes: qui sommes-nous? où en sommes-nous? et où allons-nous?

L'histoire de l'Agence ne s'arrête pas là, elle devient même de plus en plus intéressante, avec le déferlement du cyberespace. Les habitués aujourd'hui «branchés» ont en effet pu constater que le site Web de l'Agence, depuis l'automne 1996, s'inscrivait dans une continuité: les capsules qui y sont composées sont de la même nature, visent le même public émerveillé ou curieux, emploient le même ton léger, sans prétention, que les capsules publiées dans le tout premier numéro d'*Hebdo-Science*, il y a 20 ans. Le 21 novembre 1978, pour être exact.

C'était en effet il y a 20 ans tout juste. Le rêve d'une poignée de communicateurs scientifiques québécois, en 1978, était un peu fou: alimenter les médias québécois en nouvelles sur la science et les technologies. Créer un «service d'information scientifique», autrement dit une agence de presse, c'est-à-dire un média chargé d'alimenter d'autres médias, et en particulier tous ceux qui n'ont ni le temps ni les ressources pour fouiller ces *New Scientist*, *Nature* et autres *Science*, et qui ont encore moins les outils pour décoder ces montagnes d'informations qui, aussi lointaines qu'elles paraissent, les concernent pourtant, eux et leurs lecteurs, auditeurs et téléspectateurs.

Ce rêve un peu fou ne s'est pas seulement concrétisé. Il a proliféré: en 1998, l'Agence Science-Presse a collaboré, à un degré ou à un autre, avec 10 des 11 quotidiens francophones du Canada; ses capsules ont été reprises dans des dizaines d'hebdos, de *La Sentinelle* de Chibougamau au *Courrier de Saint-Hyacinthe* en passant par *L'Express* de Toronto et *Le Radar* des Îles-de-la-Madeleine, autant de stations de radio et une émission de télé; quelques recherches ont profité à une autre émission de télé, *Génération W*, et à des sites Web; sa chronique Internet réalisée spécialement pour les hebdos a été publiée par près d'une dizaine d'entre eux; des contributions spéciales ont paru dans plusieurs magazines, de

L'actualité à *Québec Science* en passant par *Memento* – sur Internet – et le *Québec Sceptique*; et son petit bulletin, *Hebdo-Science*, a continué obstinément de paraître, à coup de 52 numéros par année ce qui fait, mine de rien, un total de 52 illustrations humoristiques de Jacques Goldstyn et de 500 et quelques capsules par année.

Il serait irréaliste d'espérer rassembler tout cela dans un livre. Mais là n'est pas le but de ce *Roman de la science en 1998*. Au contraire, profitons du répit que nous offre ce format moins éphémère que le journal, le bulletin ou le site Web, pour faire un retour sur l'année écoulée.

Un retour en arrière, comme Fernand Seguin l'aurait aimé, espérons-nous. Car ce titre, *Le Roman de la science*, c'est lui qui en a eu l'idée le premier : de novembre 1957 à juin 1960, 99 épisodes de cette émission, la toute première émission de vulgarisation scientifique de l'histoire de notre télévision, offrirent chaque semaine à un auditoire conquis, explications, analyses, synthèses. Ce communicateur scientifique hors pair savait d'instinct comment aller chercher le téléspectateur, comment lui ouvrir les portes de la science sans lui forcer la main, comment convaincre ce téléspectateur qu'il n'avait rien à craindre, parce qu'il était lui aussi doté de suffisamment d'intelligence pour saisir les phénomènes qu'il aurait cru jusque-là réservés à une élite. Et Fernand Seguin accomplissait tout cela avec des moyens techniques et un budget qui feraient sourire aujourd'hui.

L'année 1998 fut celle du 10e anniversaire du décès de ce pionnier. Il manque à nous tous. Car le premier, il avait compris que la science, c'est notre affaire à tous.

Effectuer un retour en arrière sur la science, c'est effectuer un retour sur nous tous. Les nouvelles que vous trouverez traitées dans ce livre, ce ne sont pas des informations tirées de laborantins travaillant à de fumeux mélanges, tout en haut de leur tour d'ivoire. Au contraire, ces textes racontent des choses qui nous touchent tous, individuellement et collectivement, parce qu'elles nous ont attaqués dans nos vies quotidiennes (le verglas) ou dans nos peurs les plus profondes (le cancer); parce qu'elles nous présentent des jeunes femmes rayonnantes (les gagnantes de l'Expo-Science) ou des réalités banales (les truites, le gazon); parce qu'elles nous font rêver à des avenirs meilleurs (la conquête des planètes) ou plus sombres (le clonage, le réchauffement global); ou, plus simplement, parce qu'elles nous font carrément rigoler (le Viagra, ou le navet *Armageddon*).

Le «roman de la science», en définitive, ce n'est pas le récit chronologique d'une série de découvertes et de publications déconnectées de la réalité; c'est un spaghetti d'histoires vraies, compréhensibles pour peu qu'on se donne la peine de prendre un peu de recul. Un mélange d'histoires si variées qu'elles en viennent à toucher, à un moment ou à un autre, à tous les pans de notre réalité. Le roman de la science, ce sont nos vies.

Pascal Lapointe
Directeur général
Agence Science-Presse

PREMIÈRE PARTIE
À votre santé!

La santé. Ah! la santé. Pas un journal qui n'ait sa section ou son cahier hebdomadaire sur la santé. Pas un magazine qui n'ait sa page santé, sa chronique santé, ses conseils santé. Pas une station de radio ou de télévision qui n'ait son bon docteur intervenant régulièrement à titre de chroniqueur, quand il n'est pas carrément à la tête de sa propre émission, où il nous pointe du doigt jour après jour ce qu'il faut manger et ne pas manger, quelles précautions prendre avant de faire tel ou tel travail physiquement éprouvant, avant d'acheter tel produit nettoyant, les règles à inculquer aux enfants, les questions à poser à son pharmacien, etc. À croire que tout le monde est devenu hypocondriaque!

La santé, de toute évidence, intéresse beaucoup les gens. Mais la science, c'est moins évident. Surtout si on en juge par la place souvent congrue qui lui est consacrée dans les médias.

La science fait-elle toujours recette?

PAR ISABELLE BURGUN

Depuis le frère Marie-Victorin et le vulgarisateur scientifique Fernand Seguin, la place de la science dans les médias s'est considérablement élargie. La conquête de l'espace a ouvert les vannes de l'information scientifique au cours des années 1970 et 1980. Mais depuis la fin des années 1980, on observe une stagnation du flux voire, dans certains secteurs, un recul.

La science cherche avant tout à comprendre le monde. Mais elle n'a jamais autant de succès que lorsqu'elle parle de nous-mêmes. «Notre société est hypocondriaque; le médical fait recette!» lâche le météorologue et scientifique Gilles Brien. La santé compte à elle seule pour près de la moitié de l'information scientifique. Elle possède ses chroniqueurs réguliers au sein des magazines féminins et des quotidiens.

L'environnement suit de près, quoique la «mode verte» des années 1980 soit maintenant chose du passé. Ce sont désormais les nouvelles technologies et en particulier l'informatique et Internet qui ont la cote. Les chroniques traitant d'Internet ont poussé comme des champignons; de l'hebdomadaire culturel *Voir* à *Affaires Plus*, en passant par la radio et la télévision. Mais les sciences fondamentales, elles, ne parviennent toujours pas à se faire une place au sein des médias.

Globalement, l'espace réservé spécifiquement à l'information scientifique dans les quotidiens reste stable. Augmentations ici (*Le Journal de Montréal* et *Le Journal de Québec* publient depuis l'an dernier une page science hebdomadaire), reculs ailleurs

(*Le Devoir* n'a plus la sienne depuis deux ans); mais ce qu'on constate surtout, c'est que la science tend à se répandre dans les pages générales. «La science est de moins en moins identifiée comme telle», relève Marc Doré, adjoint au directeur de l'information de *La Presse*. Par contre, elle se faufile rarement jusqu'à la une, se cantonnant souvent à de courtes dépêches d'agences. En fait, dans l'ensemble du Québec, mis à part l'environnement (Louis-Gilles Francœur, au *Devoir*) et la santé, aucun journaliste régulier de quotidien n'était exclusivement affecté à la science, au moment d'écrire ces lignes.

À la télévision et la radio, la situation n'a guère évolué non plus depuis les années 1980: il y a toujours aussi peu d'émissions scientifiques. Bien sûr, on cite à tour de bras l'émission *Découverte* de Radio-Canada; on se félicite de pouvoir visionner les documentaires de Télé-Québec ainsi que l'émission *Science Friction* de TVA. L'émission radiophonique *Les Années Lumières* reste un modèle du genre (une tradition qui remonte d'ailleurs aux années 1940!). Mais en-dehors de ces émissions, le téléspectateur ou auditeur assoiffé de science n'a d'autre solution que de s'abonner au câble pour regarder Discovery Channel, PBS, Canal D ou Canal Vie.

Les magazines

S'il y a un recul sensible depuis dix ans, c'est sur le front des magazines qu'on le trouve. En 1975, on n'en connaissait qu'un: *Québec Science*. En 1986, on en comptait dix. Depuis, ils sont tombés comme des mouches. *Forêt Conservation*, *La Puce à l'oreille*, *Science et Technologie* n'existent plus, tandis qu'*Astronomie Québec* est devenu un supplément encarté dans *Québec Science*. Autour de ce phare de la vulgarisation scientifique, demeurent notamment *Interface*, la revue de la recherche et *Les Débrouillards*, magazine destiné aux jeunes.

On a toutefois vu se dégager du peloton de nouvelles revues ou des revues qui existaient déjà sous forme de bulletin, et qui ont pour caractéristique de ne plus viser le grand public, comme

Direction informatique, Plan, la revue du génie québécois, *L'infir-mière du Québec* ou *L'Optométriste*: leur cible, c'est le lecteur averti.

Absence de décodeurs

Lorsqu'on interroge les différents intervenants sur la qualité de l'information scientifique, leurs perceptions varient. Excellente pour les supports spécialisés, elle est jugée plus superficielle chez les généralistes. Plusieurs déplorent qu'on nous parle de plus en plus de technologie, mais de moins en moins de culture scienti-fique. « Nous vivons dans une société de boîtes noires. On ne nous transmet pas de codes pour comprendre ce qu'on lit », clame Jean-Marc Gagnon, président des Communications Science-Impact. Par manque d'espace ou de formation, les journalistes ont sou-vent du mal à prendre du recul par rapport aux comptes rendus scientifiques. La science paraît véhiculer la même image qu'au-paravant : élitiste, ardue, loin des gens... « L'important est d'allu-mer des feux, pas de remplir des pots », commente Gilles Brien.

Une étude de l'Association des communicateurs scientifiques du Québec, parue en 1992, rapporte que les grands médias ré-pondent mal aux besoins du public. « J'ai de la réserve quant à l'en-gouement du public pour les sciences. Pourquoi vouloir à tout prix répondre aux questions que les gens ne se posent pas ? » note Sophie Malavoy, la rédactrice en chef d'*Interface*.

Mais il y a paradoxe : si les sondages affirment que le public est friand de science, les médias spécialisés ont bien du mal à sur-vivre. Bref, entre la demande et l'offre, la science plafonne.

Ce qui n'est pas nécessairement anormal, commente le jour-naliste Pierre Sormany pour qui « la science a la place qu'elle mérite ». À son avis, elle reflète tout simplement la réalité qué-bécoise, quelque part entre la littéraire France et la technologique Californie.

Hebdo-Science n° 1000, 14 janvier 1998

C'est peut-être vrai, après tout, que nous sommes tous deve-nus hypocondriaques. Il n'y a qu'à voir nos réactions alarmées lorsque surgit une nouveau machin appelé grippe du poulet, à l'autre bout de la planète. Subitement, il n'y en a plus que pour elle. Et tout le monde, des médias aux gouvernements, sent le besoin de faire appel aux spécialistes pour se faire rassurer.

Le grippe de quoi, dites-vous ? Vous l'aviez déjà oubliée, cette fameuse grippe du poulet ? Pourtant, au cours des der-nières semaines de l'année 1997, c'était « la » grosse nouvelle internationale. La grosse peur du moment. Le fait que, un an plus tard, elle ait déjà sombré dans l'oubli, constitue peut-être, en soi, une bonne leçon à retenir...

La grippe du poulet : grosse nouvelle, petit virus

On n'était pas loin d'assister à une panique dans les hôpitaux de Hong-Kong, au cours de la période des fêtes. Et s'il fallait qu'on apprenne demain matin qu'un nouveau cas de grippe du poulet a été signalé, mais cette fois en Amérique du Nord ou en Europe, ou s'il fallait même qu'une rumeur le laisse croire ? On ose à peine imaginer le vent de panique que cela ferait souffler.

Et pourtant, ce vent de panique ne serait pas loin d'être tota-lement injustifié : parce qu'à ce jour, on ne sait toujours pas si ce virus est bel et bien transmissible d'humain à humain. Au contraire, tous les indices dont on dispose laissent plutôt croire que non.

La nouvelle est en fait ailleurs. Elle n'est pas d'ordre médical ou social, mais d'ordre scientifique : avec ce virus, une souche parmi beaucoup d'autres du virus de l'influenza, baptisée H5N1, on assiste à un cas où un virus qu'on croyait exclusif aux volailles semble être capable de se transmettre aux humains. C'est donc pour les épidémiologistes que cette nouvelle est importante : elle constitue une occasion d'approfondir les connaissances sur les virus et leur transmission.

Certes, ça ouvre aussi la porte à des scénarios inquiétants : tant que le virus n'est capable de se transmettre que de la volaille aux humains, on peut limiter les risques en tuant les volailles – c'est la mesure radicale décidée le 31 décembre 1997 par les autorités de Hong Kong. Mais s'il devait s'avérer – imaginons le pire – que ce virus soit également capable de s'adapter aux humains, au point où il pourrait se transmettre d'un humain à un autre humain, alors les risques d'épidémie seraient effectivement terrifiants puisqu'il n'existe pas, pour l'instant, de vaccin.

Mais on est loin, très loin, d'en être là : bien que le virus détecté sur les trois personnes décédées à Hong-Kong ait été formellement identifié comme le H5N1, virus de la « grippe du poulet », les experts ont été unanimes à dire qu'il leur avait été transmis par de la volaille. Et ça, c'est une très bonne nouvelle.

Un virus qui frappe l'imagination

Si cela vous surprend, il y a de quoi. Parce qu'on a tant parlé de cette grippe, à partir du moment où l'Organisation mondiale de la santé (OMS) a confirmé, le 8 décembre 1997, qu'il s'agissait bel et bien du virus H5N1, les médias ont tant ciblé les victimes (trois décès confirmés, et entre 16 et 21 personnes atteintes, selon les différents rapports) que la « grippe du poulet » est devenue plus grosse dans l'imagination populaire qu'elle ne l'est dans la réalité.

Bien que les journaux américains, comme le *Chicago Tribune*, aient abondamment relayé les propos, le 27 décembre 1997, des cinq épidémiologistes américains dépêchés à Hong Kong par le Centre de contrôle des maladies d'Atlanta, selon lesquels « des éléments de preuve » permettent de « suggérer » qu'il « serait possible » pour des humains de transmettre ce virus à d'autres humains, ces mêmes médias ont beaucoup moins insisté sur le fait que ces mêmes épidémiologistes soulignent que ce type de transmission serait «extrêmement difficile» : seulement 2 des 319 personnes qui furent en contact avec la première des victimes – un jeune garçon décédé en mai 1997 – étaient porteuses du virus. Et encore, pour l'une d'entre elles, la possibilité qu'elle ait pu l'attraper par exposition à de la volaille ne pouvait être écartée.

«Les résultats laissent ouverte la porte à une transmission de personne à personne, lit-on dans le rapport. Toutefois, une telle transmission, si elle devait se produire, semble inefficace à ce stade-ci.»

Se préparer au pire

Les autorités de Hong-Kong, tout d'abord accusées par la presse locale et les partis d'opposition d'avoir manqué de vigilance, se sont ressaisies et préparées au pire : outre l'abattage de 1,3 million de poulets, on a assisté aux préparatifs en vue d'une campagne massive de vaccination contre l'influenza et à des tests de dépistage systématiques dans les hôpitaux hongkongais.

Certes, après cette date, le nombre de cas signalés a continué d'augmenter, et chaque signalement nouveau a contribué à accroître la tension. Mais il ne fallait pas y voir une propagation incontrôlée du virus : dès le moment où vous procédez à des tests de dépistage systématiques, n'est-il pas logique que vous découvriez de nouveaux cas d'infection ?

En manchettes, 5 janvier 1998, sur le site Web de l'Agence

Lorsque la panique s'empare ainsi de nous, un peu de mise en contexte ne peut pas faire de tort. Par exemple, pour se rappeler qu'il y a 80 ans, une autre grippe a laissé derrière elle des millions de victimes. Deux dizaines de millions de victimes, pour être précis. À côté de ça, la grippe du poulet de Hong-Kong, c'est de la petite bière...

Six cadavres, un virus et une enzyme

Une équipe de scientifiques de quatre pays est allée déterrer des cadavres, à 966 km du pôle Nord. À la poursuite d'une réponse à un mystère vieux de 80 ans.

Il y a 80 ans en effet, alors que la Première Guerre mondiale tirait à sa fin, un virus que l'on allait connaître sous le nom de grippe espagnole tuait plus de 20 millions de personnes en quelques mois, avant de s'évanouir dans l'inconnu. À ce jour, on ne sait toujours pas d'où il venait, comment il a pu frapper aussi vite et avec une telle vigueur, ni ce qui l'a fait partir.

Mais au cours du mois d'août, une équipe de 15 scientifiques de quatre pays – Canada, États-Unis, Grande-Bretagne et Norvège – a débarqué dans un petit village de l'île de Longyearbyen, à l'extrême Nord de la Norvège, dans l'espoir d'obtenir la réponse : ces experts s'y sont rendus pour déterrer six cadavres, six jeunes hommes décédés de la grippe espagnole en octobre 1918 ; six personnes qui, parce qu'elles ont été enterrées à seulement 966 km du pôle Nord, donc dans le permafrost – de la terre gelée en permanence – pourraient toujours contenir en elles une «version originale» du virus. Comme s'il avait été conservé au congélateur.

La mission, envisagée depuis cinq ans, n'est pas sans susciter la controverse. Quelques-uns craignent évidemment un réveil du virus avant qu'on n'ait pu l'isoler. Les 15 scientifiques ont donc dû transporter, sur cette terre isolée de 1 500 habitants dépourvue de tout équipement médical de pointe, une batterie d'équipements de décontamination et d'isolation. Même si la plupart des experts s'entendent pour dire qu'après huit décennies, il est peu probable qu'il subsiste un seul échantillon vivant de ce microorganisme...

Même un échantillon mort pourrait toutefois être d'une valeur inestimable pour ceux qui tentent de mettre au point des vaccins contre des souches inédites de virus, disent tous ceux qui font la promotion de ce type d'expédition depuis plus de cinq ans – une expédition semblable, en Alaska, avait abouti à un échec, et d'autres seront peut-être organisées dans les années à venir, s'il s'avère que l'expédition norvégienne n'a pas elle non plus atteint son objectif.

Pendant ce temps, bien au chaud...

Sauf que pendant qu'avait lieu ce débarquement au nord du cercle polaire, d'autres scientifiques, bien au chaud dans leur laboratoire, annonçaient avoir découvert une enzyme dont la particularité serait justement de rendre mortelles certaines souches du virus de la grippe. Dont, peut-être, la grippe espagnole.

Dans un article paru dans les *Proceedings of the National Academy of Sciences*, Yoshihiro Kawaoka et ses collègues de l'Université du Wisconsin écrivent en effet que la souche la plus virulente de l'influenza A utilise une enzyme appelée plasmine, qui agit comme un renfort : on savait déjà qu'une protéine de l'influenza A devait être coupée en deux morceaux pour pouvoir infecter les cellules saines, et que les enzymes appelées protéases se chargeaient de ce travail. Il semble, d'après la dernière étude, que la plasmine vienne s'ajouter à l'arsenal pour aider à «diviser» la protéine.

Pour arriver à cette découverte, les chercheurs se sont penchés sur une souche du virus que l'on suppose être une descendante de la souche responsable en 1918 de la grippe espagnole. On n'a pas retrouvé ce «mécanisme» d'utilisation d'un renfort dans 10 autres souches de l'influenza, moins virulentes celles-là.

■

Au fait, saviez-vous pourquoi ça s'appelait «grippe espagnole»? Parce que l'Espagne était un pays neutre pendant la Première Guerre mondiale. Pour cette raison, elle avait été le premier pays à admettre publiquement l'existence d'une épidémie... pendant que ses voisins, en guerre, préféraient garder la chose secrète!

En manchettes, 24 août 1998, sur le site Web de l'Agence

Les grands maux de l'humanité

Mais la santé, ça ne sont pas que nos petits bobos évoqués ad nauseam sur les tribunes téléphoniques de la radio, et ça ne sont certainement pas que des maladies exotiques susceptibles de nous affecter. Il y a aussi les maux qui affligent une bonne partie de l'humanité.

Le sida, par exemple. 1997 avait été l'année où plusieurs s'étaient mis à croire en l'imminence d'un vaccin, après la publication en série d'analyses plus qu'optimistes. 1998 aura plutôt été l'année où l'on accepta, pas de gaieté de cœur, que la solution n'était pas à la portée de la main.

Mais 1998 fut aussi l'année où de plus en plus de gens prirent conscience de ce que les experts leur annonçaient depuis des années: le sida est en train de faire face à un obstacle beaucoup plus grand, le plus grand défi, en fait, qu'il ait eu à affronter depuis son apparition. Et ça n'est pas un défi médical: c'est un défi politique, économique, moral.

Ce défi, c'est que le sida est en passe de devenir une maladie des pays de l'hémisphère Sud.

Et ça, c'est la pire chose qui pouvait lui arriver. Est-il besoin de vous faire un dessin?

La planète sida

La dernière semaine de juin 1998 fut « la semaine sida » : à travers le monde, tous les yeux se sont tournés vers Genève, où les dernières nouvelles laissent présager que la terrible maladie est en train de devenir un problème Nord-Sud... autrement dit, d'importance secondaire pour les bailleurs de fonds et les décideurs... du Nord.

Certes, on a dit beaucoup de choses au cours de cette semaine du 12ᵉ Congrès international sur le sida. On a lancé quelques bonnes nouvelles à gauche et à droite, et beaucoup de mauvaises : on a évoqué la possibilité de voir apparaître une nouvelle souche du sida, résistante aux médicaments – médicaments dont l'efficacité laisse pourtant encore à désirer, chez trop de patients ; dans la foulée d'un article du *Journal of the American Medical Association* (JAMA) sur le VaxGen, nouveau médicament contre le sida, qui entre dans la phase 3, la dernière phase, celle des essais cliniques, on a parlé des problèmes éthiques que pose un tel vaccin expérimental ; quelques experts ont évoqué une piste tout à fait nouvelle, qui figure dans une catégorie à part, la thérapie génique ; les journaux ont rapporté la possibilité de « sauver l'enfant en traitant la mère » – le *JAMA*, encore lui, rapporte dans son « spécial sida » du 1ᵉʳ juillet, la possibilité de bloquer la transmission du sida de la mère à l'enfant au moment de l'accouchement ; et finalement, on a annoncé avoir effectué quelques progrès sur un des grands mystères de cette maladie : pourquoi certaines personnes attrapent-elles le sida quelques mois seulement après avoir été infectées par le VIH, et d'autres ne l'ont-elles toujours pas développé, des années plus tard ?

Le thème à éviter

Mais au-delà de toutes ces pistes scientifiques, la principale nouvelle de cette « semaine sida », le thème qui a transcendé tous les autres, c'est l'appel à l'aide. Un appel à l'aide pour que le sida ne sombre pas dans l'indifférence le jour, de moins en moins lointain, où il sera devenu essentiellement une maladie du Tiers-Monde.

L'époque où le taux de mortalité lié au sida grimpait en flèche, année après année, est en effet révolue, dans certaines régions du globe. Mais des régions qui sont toutes dans les pays riches. En Afrique, en revanche, la maladie gagne du terrain à un point tel que, en 1997, 83 % des décès liés au sida sont survenus en Afrique subsaharienne.

Ces données ne sont pas nouvelles. Mais le 12e Congrès international sur le sida, à Genève, a cruellement remis le fait suivant à l'ordre du jour : des traitements existent, mais ils sont hors de prix pour les pays du Sud. En conséquence, la plupart des 30 millions de porteurs du virus dans le monde mourront d'ici 10 ans sans avoir pu accéder aux traitements.

À moins qu'une véritable volonté d'aider les populations du Sud ne surgisse. Elles en ont bien besoin, puisqu'à l'heure actuelle, la trithérapie coûte au bas mot 10 000 $ par personne. Et en dépit de nombreux vœux pieux et d'une promesse d'aide financière (30 000 femmes séropositives enceintes de plusieurs pays recevront de l'AZT pour réduire les risques de transmission à leurs enfants), aucune solution satisfaisante n'a été mise sur la table.

Le fossé continuera donc de s'élargir en 1999.

En manchettes, 6 juillet 1998, sur le site Web de l'Agence

Le cancer n'est pas moins mondial que le sida. Mais avec le cancer, au moins, on sait à quoi s'en tenir. Personne ne s'attend à ce qu'on trouve un vaccin le mois prochain. Au contraire du sida, personne ne s'étonnera même d'apprendre que le cancer risque d'être encore là dans 10 ans, dans 20 ans, peut-être plus présent, plus menaçant, plus virulent qui sait, qu'aujourd'hui.

Quoique, au printemps 1998, coup sur coup, pas moins de quatre études, venues de directions totalement différentes, ont fait planer un vent d'optimisme. Dans un cas, ce n'était même pas l'annonce d'un nouveau traitement ; c'étaient de banales statistiques mais qui contenaient une information inédite : la courbe des décès semble cesser sa montée vertigineuse.

Le cancer : faux espoirs ou vrais progrès ?

Il ne terrifie pas comme la fièvre d'Ebola ou la bactérie mangeuse de chair ; il n'a pas transformé nos mœurs comme le sida. Mais rares sont les familles qui n'ont pas eu à le côtoyer : le cancer demeure, plus que jamais en cette fin de siècle, au centre de nos vies, et frappe sans discrimination.

Et pourtant, tous veulent croire qu'il y a de l'espoir. Surtout dans des périodes qui semblent fastes pour la recherche scientifique, comme le fut le mois de mars : pas moins de quatre études, venues de directions totalement différentes, ont fait naître l'espoir de temps meilleurs.

Un nouveau vaccin semble prometteur pour combattre le cancer des ovaires, annonce la première; la vitamine E semble réduire les risques de cancer de la prostate, dit la deuxième; et un vaccin pourrait combattre le même cancer de la prostate, souligne la troisième.

Mais ce sont les résultats de la quatrième étude qui apparaissent les plus surprenants pour les profanes, parce qu'ils vont à l'encontre de tout ce qu'on nous a habitués à croire: le nombre de nouveaux cancers diminue dans la population américaine depuis cinq ans. Entre 1990 et 1995, l'incidence de tous les types de cancer étudiés (23 en tout) connaît une baisse moyenne de 0,7% par année... alors qu'entre 1973 et 1990, on parlait plutôt d'une hausse de 1,2% par année!

Le nombre de décès est également en baisse, de 0,5% par année, contre une hausse de 0,4% par année entre 1973 et 1990.

Ces chiffres proviennent d'une étude conjointe de la Société américaine du cancer, de l'Institut national du cancer et du Centre national de contrôle des maladies, et font l'objet d'une analyse étoffée dans la revue spécialisée *Cancer*.

Qui plus est, hommes et femmes semblent touchés à parts égales, à l'exception des hommes de race noire.

Des données préliminaires laissent croire que la tendance s'est poursuivie en 1996.

«Les principaux cancers contribuant à ce renversement de tendance sont le cancer du poumon chez les hommes, les cancers de la prostate et colo-rectal chez les hommes et les femmes», écrit Phyllis Wingo, de la Société américaine du cancer, l'une des auteures de l'étude. Chez les femmes, le cancer du sein, auparavant en hausse de 1,8% par année, est resté stable entre 1990 et 1995.

Dans certains cas, on présume que les campagnes de prévention portent enfin fruit. La diminution de l'usage du tabac serait également un facteur. Mais les chercheurs s'entendent pour dire que cela ne suffit pas à expliquer une tendance à la baisse chez autant de types de cancers. C'est pourquoi ces données doivent être considérées avec prudence.

Vaccin contre le cancer des ovaires ?

Il en est de même de l'étude qui proclame qu'un nouveau vaccin expérimenté à Philadelphie pourrait combattre plus efficacement que les autres traitements le cancer des ovaires, à condition que celui-ci soit détecté à temps. Les résultats de l'étude sur ce vaccin, préparé avec des cellules saines de la patiente, sont encourageants, mais doivent eux aussi être considérés avec prudence, en attendant qu'ils soient corroborés par une autre étude : pour l'instant, avec seulement quelques années de tests derrière eux, les chercheurs peuvent parler d'une prolongation de l'espérance de vie des femmes, mais il est trop tôt pour parler de guérison.

Aux États-Unis, le cancer des ovaires frappe chaque année 20 000 femmes. Pour l'instant, les traitements couramment utilisés sont la chirurgie – l'ablation des ovaires – et la chimiothérapie. À peine moins de la moitié des victimes survivent plus de cinq ans au diagnostic.

Contre le cancer de la prostate ?

Même principe pour le nouveau vaccin contre le cancer de la prostate dont on a annoncé les premiers succès : le vaccin est fabriqué à partir des cellules du patient, de façon à stimuler son système immunitaire pour l'envoyer en guerre contre l'agresseur. Même principe et même prudence : bien que les premiers résultats soient prometteurs, en particulier chez ceux dont la famille présente une « histoire » de cancers de la prostate, il reste à vérifier si le vaccin est efficace à tous les stades de développement du mal. C'est le deuxième plus important cancer chez les Américains, responsable de 39 000 décès en 1997.

Vitamine E contre cancer de la prostate ?

Enfin, la dernière étude présente une association inattendue : des doses quotidiennes de vitamine E contribueraient à réduire du tiers les risques de cancer de la prostate, et du quart le taux de décès.

« Cette étude nous donne pour la première fois un tout petit espoir que quelque chose d'aussi simple qu'un supplément vita-minique puisse prévenir le cancer de la prostate », a déclaré le co-auteur, le Dr Demetrius Albanes, publié dans le *Journal of the National Cancer Institute*. Ce « supplément » pourrait en fait tuer dans l'œuf les tumeurs, avant qu'elle ne se transforment en cancer.

L'étude a été menée auprès de quelque 30 000 Finlandais, des fumeurs âgés de 50 à 69 ans, pendant cinq à huit ans. L'étude a en même temps permis d'établir que la vitamine A, elle, semblait inefficace contre le cancer. Quel est l'agent présent dans la vita-mine E et absent dans la vitamine A ? Mystère ! Par ailleurs, l'usage quotidien de vitamine E s'est révélé ne pas être sans risques : 66 per-sonnes sont décédées d'une hémorragie cérébrale, contre 44 dans le groupe témoin (ceux qui ne prenaient pas de vitamine E). La vita-mine E serait réputée avoir un impact sur la formation de caillots de sang.

Vous trouvez tout cela compliqué ? Ne vous en faites pas : la communauté médicale aussi !

En manchettes, 23 mars 1998

Il n'y a pas que les vaccins et la chimio pour combattre le cancer. Le texte suivant présente un traitement encore expérimental, qui a pour caractéristique d'aller dans une direction tout à fait différente des traitements traditionnels.

À ce titre, le texte suivant constitue un exemple parfait de la principale difficulté rencontrée régulièrement par le journaliste scientifique. D'une part, ce texte ne contient pas de nouvelle, au sens journalistique du terme – c'est-à-dire l'annonce d'une découverte majeure, la mise en marché d'un nouveau médicament ou la publication d'une étude scientifique avec des résultats inédits. D'autre part, le texte ne traite même pas de quelque chose de neuf : la « nouvelle stratégie » dont il est question ici vivote depuis les années 1970, et gagne de plus en plus d'adeptes parmi les scientifiques depuis le milieu des années 1990.

Sauf qu'on n'en avait jamais parlé, jusqu'ici, dans les journaux québécois, et à peine dans les journaux américains. Pour ceux qui ne suivent pas de près l'actualité concernant la lutte contre le cancer – c'est-à-dire 99,99 % d'entre nous – un scepticisme de bon aloi est donc de mise : est-elle sérieuse cette recherche ? Comment se fait-il que je n'en aie pas entendu parler avant ? Et ainsi, le texte est resté en veilleuse pendant plusieurs mois : personne n'en parle parce que personne n'en a entendu parler, et comme personne n'en a entendu parler, personne n'en parle...

Une nouvelle stratégie : couper les vivres au cancer

PAR GUY PAQUIN

Contre le cancer, la chimiothérapie finit trop souvent par devenir inefficace. Les cellules cancéreuses, mutantes, imprévisibles, en arrivent à résister au traitement : c'est le signe de la fin de la bataille.

Mais une nouvelle stratégie fait son entrée dans l'arsenal des médecins. Ses premiers pas remontent à 25 ans, mais ce n'est que récemment qu'elle a commencé à acquérir ses lettres de noblesse. Faute d'attaquer directement les cellules cancéreuses, pourquoi ne pas les assiéger, bloquer les voies de communication et affamer les tumeurs ? Pour farfelue qu'elle semble, cette stratégie est actuellement au centre des préoccupations d'une équipe de chercheurs montréalais et de plusieurs autres équipes à travers le monde. C'est justement elle qui a été employée à Boston sur des souris, et dont les résultats préliminaires ont fait la couverture d'à peu près tous les quotidiens d'Amérique du Nord, en mai dernier.

Elle représente en effet un espoir solide de contrôler la croissance des tumeurs et d'enrayer la possibilité qu'elles ne créent des métastases. Mais l'excitation qu'elle a générée est certainement prématurée : pour l'instant, on ne l'a testée, au mieux, que sur des souris.

Pour bien comprendre comment ça marche, il faut retourner aux premiers instants de vie des cellules cancéreuses. Lorsqu'elles apparaissent, elles font face à un gros problème : comme elles ne sont pas supposées être là, il n'existe aucun réseau sanguin pour les nourrir, leur fournir de l'oxygène et leur permettre d'expulser leurs déchets. Elle sont donc menacées de mort.

Elles vont émettre un puissant signal de détresse, genre de SOS chimique, destiné au réseau sanguin. Celui-ci, croyant avoir affaire à une plaie à réparer, construit aussi vite que possible une nouvelle route en direction de la tumeur. Du coup, le sang l'alimente : elle respire.

D'où l'objectif des chercheurs : bloquer la construction de cette route.

Quatre tactiques pour un barrage

Le D\ :sup:`r` Richard Béliveau, directeur du laboratoire d'oncologie moléculaire de l'UQAM et du Centre de cancérologie Charles-Bruneau de l'hôpital Sainte-Justine, énumère quatre approches pour couper les vivres à la tumeur naissante :

- empêcher le réseau sanguin d'entendre l'appel à l'aide ;
- l'empêcher de se frayer un chemin vers la tumeur ;
- le laisser creuser son chemin, mais l'empêcher d'y déployer des vaisseaux sanguins ;
- détruire les nouveaux vaisseaux à mesure qu'ils apparaissent.

« Les quatre approches sont testées parallèlement. Notre laboratoire s'intéresse particulièrement à la manière dont le réseau sanguin creuse son tunnel vers la tumeur. Il se sert de certaines substances biochimiques qu'il produit. Ces substances, appelées métalloprotéases, digèrent la membrane qui isole la tumeur. Si on peut mettre ce bulldozer hors fonction, la route ne se construit pas, et encore moins le réseau sanguin. »

À ce jour, le laboratoire du D\ :sup:`r` Béliveau a identifié 13 de ces bulldozers produits par le réseau sanguin pour venir à la rescousse. Son équipe est en voie de préciser à l'intérieur desquels de nos tissus chacun des 13 bulldozers est produit. Si, dans un simple test sanguin, on trouve des traces de ces produits, on en déduira alors qu'on assiste aux premiers jours d'un cancer. Bref, en même temps qu'on travaille à un arsenal, on vient de se doter d'un outil de détection précoce.

Au bout du compte, on se retrouve donc devant la perspective d'un médicament qui contrôle la progression de la tumeur, plutôt que de l'arrêter complètement. Il ne s'agit pas d'un traitement-choc, comme la chimiothérapie, mais de drogues qu'on pourrait prendre à petites doses, chaque jour, pendant toute sa vie – un peu comme l'insuline chez les diabétiques.

Il faudra néanmoins attendre encore au moins deux ans avant d'avoir des premiers tests cliniques. Et si tout va bien, ce ne sera certainement pas la fin du cancer. Mais un solide barrage à son expansion.

Hebdo-Science, 9 juin 1998

Par ailleurs, on peut parler d'un nouveau traitement, mais on peut en parler très mal. La première version du texte qui précède avait été rédigée en mars 1998, mais n'avait toujours pas été publiée par un média d'ici lorsque, en mai, le New York Times *publia en page couverture un article sur le même sujet. Sauf que le quotidien new-yorkais n'avait pas choisi, lui, l'angle «une nouvelle stratégie contre le cancer», mais plutôt «un traitement pourrait guérir le cancer d'ici deux ans». C'était totalement faux, et le journal allait s'en excuser deux jours plus tard. Mais le mal était fait...*

Les effets pervers d'une bonne nouvelle

*A*u début de mai, dans la foulée d'un article paru à la une du *New York Times* puis de tous les médias de la planète, les cliniques américaines ont été submergées d'appels : des milliers de patients réclamaient désespérément «la pilule pour guérir le cancer». Malheureusement, cette pilule n'existait pas, les traitements n'ayant été administrés jusqu'ici, dans le meilleur des cas, qu'à des souris.

Mais de surcroît, les chercheurs avaient toutes les raisons d'être étonnés : car cette nouvelle stratégie de lutte contre le cancer (voir le texte précédent) faisait son chemin depuis 25 ans ; les résultats encourageants de l'expérience sur les souris avaient été publiés six mois plus tôt, dans *Nature* ; depuis, il ne s'était rien passé de neuf. Pourquoi cette folie furieuse tout à coup ?

Certes, il allait suffire de trois jours pour que les médias remettent les pendules à l'heure, et annoncent qu'on était encore à des années d'un médicament, si jamais médicament il devait y avoir. Mais ce «virage à 180 degrés» aurait lui-même un effet pervers, allait souligner la revue *Science*: «un troublant exemple de la dynamique de certains reportages scientifiques, où une couverture d'abord beaucoup trop enthousiaste entraîne ensuite une vague de reportages négatifs».

Beaucoup de questions sont également restées sans réponses quant à ce qui a motivé la sortie de cette histoire à ce moment précis. La journaliste du *New York Times*, auteure de l'article initial, s'est vu offrir dès le lendemain, par l'intermédiaire de son agent, un contrat très lucratif pour un livre sur cette «découverte». Après avoir d'abord accepté, elle est revenue sur sa décision 24 heures plus tard, prenant conscience du conflit d'intérêt où cela la placerait.

Était-il justifié de publier un article en forme de nouvelle à ce stade de la recherche? Un dossier plus large sur cette «nouvelle stratégie» – appelée antiangiogénèse – n'aurait-il pas été plus approprié? D'un autre côté, combien de lecteurs se seraient vraiment intéressés à un tel dossier, s'il n'y avait eu aucune découverte spectaculaire à annoncer? Beau dilemme...

Hebdo-Science, 9 juin 1998

Les grandes peurs

Quittons maintenant le territoire des maladies, et abordons celui des peurs. En 1998, y a-t-il un seul produit, un seul élément chimique, un seul composant de la nature, matériel ou immatériel, dont il ne faille pas se méfier?

Le mercure, par exemple. Avez-vous peur du mercure? Si oui, vous avez raison. C'est une substance dont le degré de dangerosité n'est plus à démontrer. Elle est désormais traquée dans les hôpitaux, et il n'est peut-être plus loin le jour où le bon vieux thermomètre au mercure de grand-papa sera relégué au rang des objets de musée.

Et pourtant, le croiriez-vous, il y a des gens qui, au nom d'une croyance religieuse, portent du mercure en sautoir... quand ils ne l'avalent pas carrément.

Une cuillerée de mercure, avec votre déjeuner?

PAR ISABELLE ROBERGE

Les journaux ne cessent de rapporter, des quatre coins du monde, des cas d'intoxication au mercure. Les scientifiques ne cessent de répéter à quel point le mercure est dangereux pour la santé. Et pourtant, de Cuba à Chicago et d'Haïti à Montréal, des membres de communautés afro-antillaises ajoutent quelques grammes de métal blanc dans leurs rites et leurs médecines, mettant en danger leur santé... et celle des autres.

Est-il besoin de le rappeler, le mercure est un produit extrêmement toxique. Inhalé, il devient un véritable poison pouvant entraîner des problèmes pulmonaires et des troubles neurologiques irréversibles, en plus de dommages au foie ou au fœtus. Le poison est d'autant plus dangereux qu'il est inodore.

Or, les adeptes de deux cultes afro-antillais, la Santeria et le Palo, utilisent les propriétés chimiques d'herbes et de métaux, dont le mercure. Ces deux cultes constituent un mélange de rites populaires hérités des esclaves africains implantés aux Antilles, et du culte catholique importé par les colonisateurs européens. Selon les adeptes de ces croyances, le mercure, qu'ils appellent *Azogue*, pourrait assurer un emploi, un amour, ou protéger contre les mauvais esprits.

Les Santeros ajoutent donc quelques gouttes du métal blanc dans des amulettes ou des chandelles, ou nettoient leur maison avec ses composés en sels. Aux États-Unis, une vingtaine de sites Web Santeros proposent des recettes à base de mercure. Et New York compte plus de 40 boutiques Botanicas qui offrent un gramme du *Quick Silver* pour 1,50 $.

Au Québec, cette fièvre du mercure est encore peu visible. Le Centre antipoison attribue à des bris de thermomètres les 1 862 cas d'intoxication recensés de 1988 à décembre 1996, la majorité chez des enfants de moins de 5 ans. Mais la D^{re} Lucie-Andrée Roy, de la Santé publique de Montréal, dit se douter qu'un certain emploi du mercure se rattache à des rites tenus secrets.

Avaler du mercure !

La littérature Santeria disponible à Montréal fait mention du *Quick Silver* dans des recettes de type vaudou. La boutique ésotérique *Le Mélange magique*, qui tient une quinzaine de ces livres, refuse toutefois de vendre du mercure, et pour cause : « Nous avons appris que des gens l'avalaient ! » explique le gérant, Kristopher Blasi. Celui-ci évalue à quelque 300 Montréalais,

Santeros ou non, ceux qui cachent un petit flacon de mercure dans leur sac pour éloigner la malchance.

Pour Raul Cuza, astrologue d'origine cubaine, prêtre Santeros et fils de prêtresse, le nombre de Santeros vivant à Montréal ne dépasse pas la dizaine, consacrés ou amateurs. Et il n'a vu le mercure employé qu'une seule fois, alors qu'il vivait à La Havane.

Le cartomancien Rey Noël, également cubain, reconnaît par contre intégrer du mercure dans des recettes dites *ebos*, selon les rites du Santeria et du Palo. Où trouve-t-il sa matière première? Dans un thermomètre! Les quatre grammes de mercure qu'il contient lui servent pour faire des médicaments à boire qui, à ce qu'il dit, provoquent l'accouchement. Il lui arrive également de frotter une petite quantité de sels de mercure pour, dit-il, cicatriser des plaies. «Le mercure efface des tatouages», poursuit-il en exhibant fièrement une tache pâle sur son poignet gauche.

Ça ne s'arrête pas là: le cartomancier soutient qu'il asperge du mercure sur une poupée censée représenter une personne, ou qu'il en brise devant une maison pour assurer à ses clientes la fidélité du conjoint. Quand il n'en répand pas carrément dans une maison pour la «purifier des mauvais esprits».

Le Santeros Raul Cuza, pour sa part, nie le pouvoir purificateur du mercure. «Nous avons autre chose pour nettoyer les maisons.» Il estime plutôt que dans les recettes *ebos*, ce métal blanc catalyse les effets des plantes et huiles qu'on inclut dans des amulettes ou qu'on laisse à l'air libre. Il affirme ne pas avoir connaissance de chandelles au mercure. Bref, la «science» Santeros ne fait pas consensus.

Rey Noël se dit en désaccord avec les médecins qui mettent en garde contre les risques du mercure. Selon lui, les risques sont infimes lorsque cet élément chimique est manipulé par des gens qui en connaissent les propriétés – comme lui. Il voit certes un danger, mais d'une tout autre nature: d'ici 10 ou 15 ans, un nombre grandissant de Québécois, influencés par les cultures africaines et antillaises ambiantes ou par leurs voyages dans le Sud, répéteront les rites de la culture Santeros, mercure y compris. Et comme eux n'auront pas «sa» connaissance...

«La situation qu'on remarque en ce moment aux États-Unis n'est pas impossible ici», de l'avis du médecin-conseil en santé environnementale de la Santé publique de Lanaudière, Marcel Bélanger. Depuis quelques années déjà, mentionne-t-il, certains vacanciers ont rapporté de ces pittoresques amulettes dans leurs bagages, sans savoir qu'elles renferment quelques grammes du fameux *Azogue*.

Le Soleil, 23 août 1998

Chasse au mercure
dans les hôpitaux

PAR VALÉRIE BORDE

Dangereux pour la santé et pour l'environnement, le mercure n'a décidément pas grand-chose pour plaire... Or, voilà qu'on se met à le traquer jusque dans les hôpitaux, où plusieurs instruments médicaux, à commencer par les banals thermomètres, en contiennent. Il y a déjà plusieurs années, on avait eu droit à des alertes au mercure à la Baie James, où le méthylmercure avait contaminé les grands réservoirs. L'an dernier, les autorités de trois grands hôpitaux de Toronto se sont engagées à réduire et ne plus utiliser, lorsque c'est possible, d'instruments contenant du mercure. Au Québec toutefois, «les hôpitaux n'ont souvent pas de procédures précises pour gérer adéquatement le mercure», explique Philippe Guerrier, du Comité de santé environnementale (CSE) du Québec. En collaboration avec l'Association des hôpitaux du Québec et le Centre de toxicologie du Québec (CTQ), le CSE vient de lancer un guide pour tenter de sensibiliser le personnel et les gestionnaires des hôpitaux.

Le mercure bien répandu

Il faut savoir que plusieurs instruments médicaux renferment du mercure. Les plus courants sont bien sûr les thermomètres, ainsi qu'un outil peu connu, appelé le sphygmomanomètre (l'appareil qui sert à mesurer la pression sanguine). Un thermomètre contient environ 4 grammes de mercure, et un sphygmomanomètre, près de 100 grammes. On trouve aussi du mercure dans des instruments spécialisés comme les dilatateurs d'œsophage et dans les compteurs de débit de vapeur des centrales d'énergie.

En 1994, une enquête du Centre de santé publique (CSP) de Québec portant sur 28 grands hôpitaux de la province, avait montré que 22 utilisaient des sphygmomanomètres au mercure et 13 achetaient encore majoritairement des thermomètres au mercure. Chaque hôpital compte en moyenne un sphygmomanomètre pour deux lits et un thermomètre par patient, en plus de ceux utilisés dans les salles de consultation.

Ceci dit, les craintes associées au mercure sont parfois exagérées : lorsque ces instruments sont correctement manipulés, ils ne présentent aucun danger, puisque le mercure y est confiné dans un réservoir étanche. C'est lors d'un bris qu'il y a un problème : « le métal doit être récupéré rapidement, car quelques gouttes suffisent pour contaminer une pièce », explique Jean-Guy Guillot, chimiste au CTQ. Jusqu'ici, aucune intoxication massive n'a été rapportée.

S'il n'est pas ramassé, ses vapeurs, à la fois incolores et inodores, peuvent au fil des jours, intoxiquer des personnes qui y seraient régulièrement exposées, par exemple lorsqu'il se retrouve près d'une source de chaleur. « Comme les premiers symptômes associés à une telle intoxication ne sont pas spécifiques (fatigue, irritabilité, insomnie...), les médecins ont beaucoup de difficultés à diagnostiquer le problème avant qu'il ne s'aggrave », précise le Dr Albert Nantel, directeur du CTQ. « D'autre part, s'il est simplement jeté à la poubelle ou dans l'évier, le mercure se retrouve ensuite dans l'environnement, où il pourra être transformé par des bactéries en méthylmercure encore plus toxique », ajoute Philippe Guerrier.

Les bris de sphygmomanomètres sont assez rares et se produisent généralement dans les ateliers d'entretien de ces appareils. Par contre, les thermomètres qui cassent sont, eux, monnaie courante. « À l'hôpital Saint-Sacrement à Québec, par exemple, un bris est rapporté chaque semaine », raconte Claude Chartier, la responsable de la gestion des matières dangereuses. «De plus, avec les déménagements de services et le stress occasionné par le virage ambulatoire, les risques de déversement accidentel augmentent.» Enfin, tous les bris ne seraient pas signalés.

L'enquête du CSP a montré que seulement huit hôpitaux sur 28 avaient établi des procédures à mettre en œuvre en cas de déversement, procédures que de nombreuses personnes ne prennent toujours pas au sérieux. «Or, la seule manière sécuritaire de traiter un déversement est de ramasser rapidement le mercure, suivant le protocole établi par le CTQ», explique Jean-Guy Guillot, du CTQ. Dans ces conditions, la facture est généralement inférieure à 1 000 dollars. Cependant, elle peut dépasser 15 000 dollars quand l'incident est mal géré et que le mercure a contaminé les pièces avoisinantes ou... des aspirateurs. On doit même parfois nettoyer jusqu'aux tapis d'automobiles des personnes ayant circulé dans la pièce polluée!

Pour régler le problème, on évoque une autre solution : les hôpitaux pourraient... ne plus utiliser d'appareils au mercure! «Il existe en effet plusieurs alternatives, pas forcément plus coûteuses», selon Philippe Guerrier. Les thermomètres électroniques, à alcool, ou au Galistan, un nouvel alliage inoffensif destiné justement à remplacer le mercure et les sphygmomanomètres à vide, ont déjà pris leur place dans plusieurs pouponnières, où un déversement risquerait d'avoir de graves conséquences, de très faibles doses pouvant suffire à intoxiquer les bébés.

«Ces instruments sont tout aussi précis que ceux au mercure», ajoute-t-il. Certains hôpitaux ont d'ores et déjà décidé de ne plus acheter aucun instrument au mercure. Mais le poids des habitudes et le manque de sensibilisation sont des freins sérieux à la disparition du mercure dans les hôpitaux. Et il faut souvent qu'un déversement majeur se produise pour que les personnes se sentent concernées...

Le Soleil, 23 novembre 1997

Si les dangers du mercure ne sont plus à démontrer, ce n'est pas le cas de toutes les menaces qu'on nous annonce. Le problème est que, parfois, les menaces en question ne sont pas aussi claires et nettes qu'on l'imagine. Par exemple : avez-vous peur des champs électromagnétiques ? Si oui, il est possible que, après 20 ans de rumeurs, vous ayez été entraîné sur une fausse piste.

Champs électromagnétiques : et si on passait à autre chose ?

PAR EMMANUÈLE GARNIER

Existe-t-il un lien entre les champs magnétiques créés par les lignes à haute tension et le cancer ? La croyance populaire veut que oui. Et pas seulement la croyance populaire : il y a près de 20 ans que les chercheurs tentent de répondre à cette question. Sauf qu'après deux décennies de tentatives infructueuses, certains commencent à s'impatienter et à se demander s'il ne s'agirait carrément pas d'une fausse piste...

Brandissant une vaste étude sur les enfants publiée à l'été 1997, qui arrivait elle aussi à des résultats pour le moins mitigés, une éditorialiste du *New England Journal of Medicine* est allée là où nul chercheur n'était jamais allé : elle n'a pas hésité à affirmer qu'il était désormais temps de mettre fin à la recherche dans ce domaine. Après 18 ans, lance-t-elle, il est plus que temps de mettre un terme à ce qui, à ses yeux, s'apparente désormais à un gaspillage de ressources.

Réaction similaire chez nous de Rosemonde Mandeville, de l'Institut Armand-Frappier, à Laval, qui, plus récemment, a dévoilé les résultats d'une étude sur des rats : pendant deux ans, six groupes de 50 rats ont été exposés, 20 heures par jour, à des champs magnétiques dont l'intensité était de 20 000 fois supérieure à celle qu'on retrouve dans une maison. Résultat : pas plus de cancers que chez les autres rats.

De là à conclure toutefois que l'association que fait le grand public entre lignes à haute tension et cancers pourra disparaître comme par magie, il y a un pas que les chercheurs hésitent à franchir : après 18 ans, la croyance semble en effet bien ancrée.

Un lien faiblard

On ne peut évidemment pas rejeter entièrement la possibilité qu'un lien subsiste entre champs magnétiques et cancer, mais si tel devait être le cas, ce lien serait faible. Très faible.

Pourquoi ? Parce que si un lien plus important existait, il serait ressorti depuis longtemps des nombreuses études. « On est à la limite. C'est quelque chose de mineur, de difficile à saisir », explique le Dr Gilles Thériault, directeur du Département d'épidémiologie, de biostatistiques et de santé au travail de l'Université McGill.

« Je pense que c'est un peu naïf de croire qu'une exposition aux champs magnétiques cause le cancer. C'est plus compliqué. Cela nécessite probablement qu'un ensemble de conditions soient réunies. »

L'étude du *New England Journal of Medicine*, dirigée par le Dr Martha Linet, était l'une des plus ambitieuses jamais réalisées. L'équipe a étudié les champs magnétiques auxquels ont été soumis 638 enfants atteints de leucémie et 620 enfants d'un groupe témoin. Des techniciens ont mesuré le champ magnétique dans la résidence où vivaient les enfants, de même que dans leurs anciennes demeures. Ont été évaluées, la distance et la configuration des lignes électriques autour du domicile, et autour de celui où la mère a vécu durant sa grossesse.

Résultat? Rien du tout. Le risque d'avoir la leucémie n'est en aucun cas associé au niveau des champs magnétiques résidentiels ou à la proximité des lignes électriques. L'exposition durant la vie fœtale ne peut non plus être mise en cause. Il ne reste qu'une corrélation possible entre la leucémie et une très forte exposition (par exemple chez les monteurs de ligne).

Pour Gilles Thériault, à ce stade, le débat champs magnétiques et cancer devrait en être un d'universitaires et de chercheurs, dans la mesure où il a été amplement démontré que le grand public n'a pas de raisons de s'inquiéter des faibles expositions, c'est-à-dire celles auxquelles est soumise la très grande majorité de la population. «C'est une question pour les gens qui tentent d'accroître les connaissances sur cette maladie.» Pas pour ceux qui se demandent s'ils devraient enfermer leur four micro-ondes dans un coffre-fort...

À l'origine de la tension

C'est en 1979 que la peur des lignes à haute tension est née. Cette année-là, deux chercheurs de Denver, Nancy Wertheimer et Ed Leeper, publient une étude aux conclusions fracassantes : le cancer de certains enfants pourrait être lié aux lignes électriques qui entourent les résidences.

Les scientifiques se sont aperçus que les maisons des petits cancéreux étaient plus nombreuses à proximité de lignes électriques à haute intensité.

Le facteur responsable? Sans aucun doute, les champs magnétiques, ont conclu les deux chercheurs. Plus un courant est fort, plus le champ qu'il crée est important. Le risque de cancer deviendrait par conséquent plus élevé.

L'étude provoque immédiatement la controverse. Parce qu'elle respecte les règles de l'épidémiologie, elle convainc les spécialistes de ce domaine. Mais les physiciens, eux, sont sceptiques. «Ces derniers affirmaient qu'il n'y avait pas assez d'énergie dans les champs magnétiques pour causer le cancer », explique Gilles Thériault.

Sur toute la planète, des scientifiques se lancent alors sur cette piste. Certaines études corroborent la relation, mais de manière beaucoup plus faible. D'autres la démentissent. La plupart nuancent.

« On a aussi vérifié les liens avec divers types de cancers. Quatre ont fait l'objet de certaines observations : la leucémie, qui est le seul à avoir persisté, mais aussi le cancer du cerveau, du sein et de la peau ».

Dans les médias, le même débat fait rage. Certains articles sensationnalistes comme ceux que publie en 1989 The *New Yorker* sèment l'inquiétude. Mais la science n'arrive toujours pas à trancher. On sent qu'il y a quelque chose, mais quelque chose de plus complexe que l'association simpliste champs magnétiques-cancer. L'opinion publique, elle, retient par contre cette association, inquiétante à souhait, et si vraisemblable. Près de 20 ans plus tard, on en est encore là...

La Presse, 12 avril 1998

Et le Prozac, en avez-vous peur aussi? Chose certaine, certains parents ne le craignent pas du tout... pour leurs enfants.

Le Prozac pour les jeunes : une prison chimique ?

PAR ISABELLE RIVEST

Geneviève, 18 ans, était une jeune fille modèle. Issue d'une famille de la classe moyenne, elle était très attachée à ses parents et réussissait bien à l'école quand, tout à coup, son univers a basculé. «Je me suis mise à avoir des idées noires, à être submergée par des questions existentielles. C'est la pire chose qui puisse arriver à quelqu'un.» Ses parents sont tombés des nues. «Pour moi, une dépression majeure, c'était le lot des gens qui viennent de familles dysfonctionnelles et dont la vie est désorganisée de A à Z», raconte son père, Claude.

À l'époque, toute la famille se méfiait de la médication psychiatrique et du Prozac, cet antidépresseur traîné dans la boue après avoir été porté aux nues. «Nous avons complètement changé d'idée», dit Claude. Le Prozac a agi comme une bougie d'allumage pour Geneviève. «J'avais tout essayé pour m'en sortir seule. En dépression, c'est impossible. Ça m'a donné l'énergie dont j'avais besoin pour régler mes problèmes.»

Et pourtant, deux ans plus tard, quand elle a décidé de cesser sa médication, elle est retombée dans une dépression encore plus profonde qu'avant... Sa psychiatre, Patricia Garel, a décidé de reprendre le traitement au Prozac. «Avec une augmentation des doses, nous avons réussi à régler le problème», dit-elle.

Le Prozac constituerait-il une prison chimique, comme le pensent ses nombreux détracteurs ? « La dépression cause des souffrances intolérables qui peuvent conduire au suicide », souligne Patricia Garel. « Quand on craint qu'un jeune passe à l'acte, ce n'est pas le temps de philosopher. Les opposants au Prozac devraient venir en clinique voir les effets du médicament sur les patients. » Geneviève, un large sourire aux lèvres et des étincelles dans les yeux, en paraît elle aussi tout à fait convaincue.

Qu'est-ce que le Prozac ?

Le Prozac est le premier d'une nouvelle génération d'antidépresseurs appelés les inhibiteurs sélectifs du recaptage de la sérotonine (ISRS). La « pilule du bonheur » avait fait fureur lors de son apparition sur le marché en 1988. Plusieurs facteurs expliquent cet engouement. Les ISRS ne produisent pas les effets secondaires désagréables (nausées, maux de cœur, insomnies...) provoqués par les tricycliques, la première génération d'antidépresseurs. Pire, leur consommation en trop grande quantité pouvait entraîner le décès du patient. Avec le Prozac, impossible de se suicider.

« Les omnipraticiens se sont mis à prescrire le Prozac trop libéralement », croit le Dr François Maranda, chef de service du Département de psychiatrie pour adolescents de l'hôpital Sainte-Justine. Ce médicament est surtout indiqué dans les cas de dépression majeure, lorsqu'on a identifié une vulnérabilité génétique du patient.

Une dépression majeure se reconnaît à quatre symptômes : perte d'appétit, perte de poids, perte de sommeil et perte d'intérêt pour ses activités habituelles. « Il faut faire attention avec les jeunes », prévient toutefois Charles Bedwani, psychiatre au programme adolescent du Pavillon Albert-Prévost. L'adolescence est un âge de grandes transformations. Il ne faut pas confondre une peine d'amour ou une réaction à un échec scolaire avec une dépression. »

Les symptômes doivent être observables sur une assez longue période de temps : deux ou trois semaines. « Quand un jeune semble vivre une dépression majeure, on devrait systématiquement le mettre sous observation pendant quelques jours, avant de prendre une décision. Dans un grand nombre de cas, on s'aperçoit qu'une fois retiré des sources de stress (famille, école...), il retrouve une humeur sereine », explique le Dr Bedwani.

Quand plusieurs membres d'une famille sont dépressifs, c'est qu'il y a une prédisposition génétique à développer la maladie. C'était le cas de Geneviève, dont la mère avait déjà traversé une dépression majeure et dont un oncle s'était suicidé.

De plus, le Prozac n'agit pas sur tout le monde. En fait, une seule étude majeure, réalisée par Graham Emslie, professeur de psychiatrie à l'Université du Texas, démontre l'efficacité de ce médicament sur les enfants. « Moins de 60 % des jeunes réagissent positivement au Prozac », souligne le Dr Bedwani.

Si le Prozac a déçu, c'est parce que les attentes étaient immenses. « Une pilule du bonheur, c'est absurde. Si vous n'êtes pas dépressif, le médicament n'aura par l'effet espéré », rappelle Patricia Garel. Si on l'a trop prescrit, les spécialistes estiment toutefois que l'on revient à un juste milieu. « On évolue vers une certaine modération, plutôt qu'une bataille tranchée entre les pour et les contre », affirme le Dr Bedwani. « Le Prozac et la classe des ISRS demeurent les médicaments les plus sécuritaires pour les adolescents et le public en général. »

Accepter de prendre une médication à vie n'est pas facile, surtout à l'adolescence, quand on a l'avenir devant soi...

Le Soleil, 26 avril 1998

Rire un bon coup

Heureusement, il n'y a pas que les drames internationaux et les peurs, rationnelles ou non. La santé permet aussi de sourire. Voire, de franchement rire... de nous.

Pilule bandante

C'est la pilule de tous les fantasmes, mais aussi celle de toutes les blagues : on dit d'elle qu'elle fait « lever » les tabous. Que partout où elle passe, elle est accueillie avec vigueur. Et ainsi de suite...

Nous parlons, bien entendu, du Viagra, cette petite pilule bleue qui avait eu droit à un entrefilet au début d'avril, au moment de son approbation par l'Administration américaine des aliments et drogues (FDA). Une petite pilule bleue qui, depuis, s'est transformée en une folie furieuse aux États-Unis : selon une estimation du service d'information sur Internet du magazine *Time* (le *Time Daily*), le 23 avril, soit moins d'un mois après, on en était, aux États-Unis seulement, à plus de 40 000 prescriptions par jour ! À 7 ou 10 $ pièce, faites le calcul...

Mieux encore : en quelques semaines, le Viagra s'est approprié plus des trois quarts du marché des médicaments contre l'impuissance.

« C'était à prévoir, écrit le *Time Daily* ; un pays qui trouve dans le Prozac une excuse pour s'envoyer en l'air à cause d'une mauvaise coiffure était destiné à devenir cinglé devant un médicament qui promet – et remplit ses promesses ! – le Saint Graal sexuel. »

Et la compagnie derrière ce miracle pharmaceutique, Pfizer, n'a même pas eu à payer de campagne publicitaire...

«On assiste à un incroyable intérêt envers cette pilule, et cela nous apprend quelque chose sur notre culture», disait, le 26 avril, Steven Lamm, qui enseigne à l'École de médecine universitaire de New York, et qui était interrogé à la une du *Washington Post*.

L'attention a été relancée à la fin d'avril par une autre une, celle du *Time*, et le reste du monde a alors pris connaissance de la folie furieuse qui avait gagné les États-Unis.

Évidemment, on ne peut nier que le Viagra touche les hommes à un endroit, hum, sensible. Cette «pilule de l'érection», comme on l'appelle, qui serait efficace dans 60% des cas, devient, il n'est pas inutile de le souligner, la première pilule destinée à combattre l'impuissance masculine : les autres traitements, en effet, nécessitent des injections... là où ça fait mal.

Pfizer s'en frotte les mains. Elle a mis au point une pilule – tout à fait par hasard, en cherchant à mettre au point un médicament pour le cœur ! – à un moment qui n'aurait pu être plus propice : à toutes les huit secondes, un nouveau baby-boomer atteint la cinquantaine !

C'est qu'ils sont bourrés d'argent, et drôlement nombreux, ces baby-boomers qui ne veulent pas vieillir. Dans son dossier, le *Time* évalue à un incroyable 20 milliards de dollars l'industrie du rajeunissement – ça va des produits contre la calvitie jusqu'aux pilules contre les attaques cardiaques en passant par les pommades antirides. À lui seul, le Viagra pourrait représenter des ventes de 2 milliards de dollars en l'an 2000.

Et est-il besoin de mentionner que, par rapport à 1997, les actions de Pfizer ont bondi de 45 $ à 118,25 $? Et que Pfizer travaille d'ores et déjà à un super-Viagra, qu'il prévoit sortir dans quatre ou cinq ans ?

Certains disent que cette pilule pourrait avoir un impact aussi grand sur la société que l'avait eu la pilule anticonceptionnelle, il y a 40 ans. Avec une différence qui souligne toute l'ironie de la chose : la pilule anticonceptionnelle a transformé une génération qui en était au tout début de sa vie sexuelle. Le Viagra pourrait transformer la même génération... qui en est à sa fin.

Ce qui soulève d'autres questions, qui n'ont rien de médical : comme le demande le *Time Daily* dans son sondage, le Viagra va-t-il rendre le sexe artificiel ?

Ou, pour reprendre les propos du chroniqueur de *La Presse*, Pierre Foglia : « Combien on parie qu'un soir, vous serez là, dans le lit, tout raidi de bonheur, quand elle s'effondrera en larmes et dira quelque chose comme : "Ça ne peut pas continuer comme ça, faut que je sache, c'tu moi ou le Viagra ?" »

En manchettes, 4 mai 1998

Viagra : et de 16 !

À la mi-juin, le compte est maintenant de 16 morts parmi les usagers du Viagra. Faudrait-il suggérer aux gens de ménager leurs ardeurs ?

La première annonce, le 22 mai, avait soulevé un vent d'inquiétude : six morts parmi les usagers du Viagra, avait révélé l'administration américaine des aliments et drogues (FDA). Et puis, on s'était rendu compte qu'il n'y avait pas de quoi fouetter un chat : plus d'un million de prescriptions remplies en à peine un mois, dont les trois quarts pour des hommes de plus de 50 ans... On meurt plus souvent à cet âge qu'à 25 !

Mais voilà qu'on apprend que le total de morts est passé à 16, ce qui dépasse le seuil des simples statistiques. Le Viagra serait-il toxique ? Pas du tout, continue d'affirmer la FDA. En fait, l'explication est beaucoup plus prosaïque... lorsqu'on constate que sept des victimes sont passées de vie à trépas pendant qu'elles faisaient l'amour, ou juste après.

« Un rappel que l'acte sexuel chez les hommes plus âgés peut être risqué, avec ou sans pilule », écrit sans rire l'Associated Press, avant de donner la parole à un médecin californien : « J'ai beaucoup de patients qui me disent, si je dois mourir, c'est comme ça que je veux mourir. » Évidemment, il y a des trépas moins désagréables que d'autres...

15 juin 1998

Soigner le rhume avec le sapin et le gin !

PAR LUC DUPONT

De tout temps, les recettes de médecine populaire de nos grands-mères ont fait rire... et sourire. En raison de leur apparente banalité, elles ont aussi souvent représenté un univers regardé de haut par des scientifiques.

Or, voilà que depuis 10 ans, une équipe d'anthropologues de l'Université Laval, associée à l'Institut interuniversitaire de recherches sur les populations (IREP), a entrepris de faire « parler » ces recettes, d'en dégager les thèmes, les structures, bref, de dresser un premier portrait général d'une médecine traditionnelle (on dit aussi « médecine pré-scientifique ») proprement québécoise.

Dirigés par Francine Saillant, les chercheurs ont puisé à même les Archives de folklore de l'Université Laval un corpus impressionnant de 4 292 recettes, ayant eu cours dans l'Est du Québec entre 1880 et 1960.

Intégrées à une base de données, ces recettes ont ensuite été décortiquées minutieusement, révélant quelque 780 matières médicinales (dont 227 plantes médicinales), réparties à l'intérieur d'une vingtaine de grandes familles de maux : rhumatismes, maux d'oreilles, affections aux reins, à la tête, blessures diverses, etc.

Les « enrhumés de janvier » seront sans doute consolés d'apprendre que la catégorie pour laquelle on a recueilli le plus de recettes est celle des « rhumes et grippes », avec 316 ! « Ça ne nous a pas surpris du tout, explique Francine Saillant. Dans les milieux nordiques, le froid et les diverses façons de s'y adapter est un thème culturel-clef. »

Dans une analyse détaillée de cette catégorie, les chercheurs ont montré que les trois ingrédients les plus utilisés par nos ancêtres pour soigner leurs rhumes étaient le sapin, la moutarde et le gin! Hérité des Britanniques, le gin, servi en «ponce» (du vieux français «ponche», adaptation de punch) avec miel et citron, devait «faire transpirer», tout en «réchauffant»! La moutarde, appliquée sur la poitrine en « mouche » (vieux mot français pour cataplasme), avait aussi pour objectif de «faire suer», de «tirer le mal», disait-on. Enfin, le sapin (de même que le pin ou l'épinette) était servi en tisane ou en sirop, après avoir été bouilli; on voyait même, jusqu'au début du XXe siècle, de vieilles amérindiennes parcourir les rangs de nos campagnes pour offrir aux habitants la «sirouenne» ou gomme de sapin séchée !

L'intérêt de cette analyse, c'est que les anthropologues ont commencé à dégager des fils conducteurs qui montrent que ces recettes dépassent la simple accumulation désordonnée de savoirs irrationnels. «Par exemple, dans les produits utilisés dans le soin des rhumes et grippes, la chaleur est souvent présente», explique Francine Saillant. Cela va des alcools (les ponces chaudes) aux tisanes bouillantes à base de résineux, en passant par les frottements qui réchauffent et les ingrédients forts et piquants, comme la moutarde.

«On découvre aussi qu'il y a des univers de produits spécifiques pour des familles de maux (rhumes, grippes, affections pulmonaires) présentant des symptômes similaires (congestion, toux, fièvre). Cela trahit assurément une forme d'organisation de ces savoirs. »

Va pour la cohérence, mais peut-on estimer que ces traitements étaient pour autant pertinents? Une déception, ici, pour ceux qui attendraient une confirmation de leurs croyances dans ces remèdes traditionnels: «On a regardé les usages anciens et modernes d'une vingtaine de plantes médicinales, mais on n'a pas réalisé encore le type précis d'analyse que vous recherchez», explique Francine Saillant.

Toutefois, selon Julianna Juhàsz, professeure agrégée à la Faculté de pharmacie de l'Université Laval, à qui Science-Presse a demandé un avis à partir de quelques-unes de ces recettes, il n'y aurait pas là de prime abord d'incongruité. «Il y a, par exemple, dans le pin une huile essentielle, l'essence de térébenthine, dont les composantes – alpha-pinène, bêta-pinène, camphène, etc. – ont des propriétés antiseptiques et expectorantes qui devaient agir dans les soins des rhumes et grippes. Pour ce qui est de la moutarde, c'est plus difficile à dire : peut-être que le cataplasme avait un effet d'activation locale de la circulation.»

La pharmacognosie – l'étude des médicaments à base de plantes, une des cinq branches de la pharmacie actuelle – est l'une des spécialités de cette pharmacienne, qui enseigne encore ce savoir aux jeunes étudiants en pharmacie de l'Université Laval.

On enseigne les «remèdes de grands-mères» aux pharmaciens du XXIe siècle? «À la différence d'avec nos grands-mères, les savoirs sur les plantes médicinales sont devenus aujourd'hui d'une grande précision. On connaît les ingrédients actifs, on sait comment les doser, ce que nos grands-mères ne pouvaient faire que très grossièrement. Et puis, il est important d'enseigner ces compléments de médication aux jeunes. Car malgré une industrie du médicament extrêmement développée, il y a encore des maladies incurables (comme la baisse de la mémoire chez les personnes âgées) pour lesquelles on sait que des plantes médicinales agissent. C'est le cas du «Ginko biloba» par exemple, un médicament qui aide à la circulation sanguine cérébrale».

Pas si bête, alors, les médecines populaires? «Écoutez: ça n'irait pas jusqu'à remplacer des médicaments prescrits pour des maladies lourdes comme le sida ou le cancer, ajoute Francine Saillant; mais pour de petits problèmes de la vie quotidienne – anxiété, insomnie, troubles digestifs – et dans le contexte d'une plus grande autonomie en santé (nos ancêtres l'avaient, cette caractéristique!), il y aurait sûrement une place à faire aux savoirs anciens.»

Et celle-ci conclut : «En regardant aujourd'hui l'ensemble de notre recherche, je ne dirais pas qu'on a mis au jour un bagage comparable à ce que la médecine chinoise a pu accumuler au cours des siècles. Mais derrière tous ces petits gestes thérapeutiques ayant eu cours dans les familles québécoises jusqu'au moment de l'institutionnalisation de la santé (1950-1960), derrière ce qui a longtemps passé pour un savoir irrationnel, nous sommes en mesure d'affirmer aujourd'hui qu'il y a bel et bien là la structure d'une authentique culture de soins.»

La Presse, 26 avril 1998

En bref et en vrac

Pour terminer cette première partie, voici un mélange de nouvelles parues tout au long de l'année, sans liens entre elles sinon qu'elles traduisent la quête croissante par l'être humain d'une meilleure connaissance du fonctionnement de son corps, de son esprit... et de ceux des autres.

L'alcool, moteur de la civilisation

Pendant 10 000 ans, une chose a été fondamentale au développement de la civilisation : l'alcool.

Oubliez en effet l'invention de la roue, de l'agriculture, de l'écriture : la seule chose qui compte pour expliquer notre histoire, c'est l'alcool, avance le plus sérieusement du monde le Dr Bert Vallee, de l'École médicale de l'Université Harvard, dans la revue *Scientific American*. «Tout au long de l'histoire de l'Occident, l'état d'esprit normal, ce fut l'ivresse». Mais attention : il ne faut pas croire que la seule conséquence, ce furent 10 000 ans de scènes de ménage : au contraire, l'alcool a fourni à nos organismes le liquide dont ils avaient besoin et a constitué une excellente source de calories. Le jus d'orange de nos ancêtres, quoi. Même la Bible ne fait que de rares références aux buveurs d'eau.

Pourquoi cela ? Eh bien, poursuit Vallee, parce que «les Anciens, sans doute à travers de tragiques expériences, ont clairement compris que le gros de leurs provisions d'eau était impropre à la consommation humaine.» Fallait donc bien le remplacer par quelque chose...

Une invention changera le cours de l'histoire : la distillerie, une innovation technologique que l'on doit à des chimistes arabes des environs de l'an 700, qui permet de produire des boissons contenant des concentrations d'alcool de très loin supérieures à tout ce qu'on peut trouver dans la nature. Et la suite de l'histoire, on la connaît...

Memento, 31 juillet 1998

Succès international

Le livre *Les hommes viennent de Mars, les femmes de Vénus* est devenu un best-seller en Iran. Étonnant pour un pays aussi pudique, qui de surcroît fait des crises d'urticaire devant tout ce qui provient de la culture populaire américaine ? Au contraire, explique *Psychology Today*, ce livre s'inscrit parfaitement dans la vision iranienne du monde : « Les censeurs du gouvernement iranien n'auraient jamais laissé passer ce livre s'il avait dit que les hommes et les femmes sont de Mars ».

Hebdo-Science, 28 juillet 1998

Bijoux de famille pour votre meilleur ami

Une compagnie américaine vient d'annoncer avec fierté avoir greffé à un chien les premiers... testicules en silicone. L'opération chirurgicale a duré trois minutes et Frodo, 16 mois, n'a rien senti, assure le patron de CTI Corp's Neuticles Naturals. « Il ne s'est jamais rendu compte qu'il avait perdu quelque chose. »

Et vous serez surpris d'apprendre que l'implantation de faux bijoux de famille n'est pas quelque chose de nouveau – du moins, chez les chiens : plus de 2 000 y sont passés au cours de la dernière année, mais avec des paires qui, jusqu'ici, étaient en polypropylène. Le silicone est plus cher... mais a l'air plus authentique. Peut-être que, pour l'amour-propre de Frodo, c'est important que ça ait l'air authentique...

Hebdo-Science, 15 septembre 1998

Ceux qui font dans l'alternatif

Les patients qui utilisent des médecines alternatives sont plus scolarisés que la moyenne, jouissent d'un statut social moins élevé, et croyaient déjà, au préalable, en l'efficacité de ces traitements. Ces résultats ne sont pas nouveaux. Par contre, ce qui a surpris les auteurs d'une étude parue dans le *Journal of the American Medical Association* (JAMA), c'est que ces patients ne sont pas nécessairement mécontents ou frustrés par la médecine «conventionnelle»; ils se sentent tout simplement davantage écoutés et compris par les praticiens «alternatifs».

Ces résultats, poursuivent les auteurs, permettent de «prédire» le type de personne susceptible de se tourner vers ce type de pratique. Mais ce que l'étude ne dit pas, c'est que ces résultats pourraient aussi contribuer à une réflexion, de la part des médecins «conventionnels», sur leurs façons de faire. Une réflexion dont l'urgence se fait de plus en plus sentir, à l'heure où QuackWatch, un organisme-chien de garde, recense pas moins de 1 169 «médecines alternatives et paranormales»!

Quelque 40% des gens interrogés dans l'étude du *JAMA* ont répondu avoir utilisé une forme ou l'autre de ces pratiques au cours des 12 derniers mois, en particulier pour (par ordre d'importance) des douleurs chroniques, de l'anxiété, de la fatigue chronique, de l'arthrite ou des maux de tête.

Memento, 22 mai 1998

Les filles parlent... avant la naissance

Déjà, dans le ventre de leur mère, les filles remuent davantage les lèvres que les garçons, rapportent des chercheurs irlandais dans *The Lancet*. Certains seront peut-être tentés de tirer de cette découverte des conclusions hasardeuses... Mais les auteurs ont pour leur part une explication tout ce qu'il y a de «biologique». Le développement physiologique de l'embryon serait, écrivent-ils, tout simplement plus rapide chez les filles que chez les garçons. Toute tentative pour lier les mouvements des lèvres de l'embryon avec le développement futur du langage serait hautement spéculative...

5 janvier 1998

Le sexe complique la vie

Lorsqu'il doit traiter des informations de nature sexuelle, le cerveau se met soudain à fonctionner au ralenti. Dans un article publié par les *Archives of Sexual Behavior*, un psychologue louisianais rapporte une expérience au cours de laquelle il a fait lire à ses patients une série de phrases à double sens, dont certaines avaient une connotation sexuelle. Aussitôt après, il leur montrait une série de lettres, dont ils devaient rapidement dire si elles formaient ou non un mot. Lorsque la phrase initiale avait eu un sens sexuel, hommes et femmes mettaient plus de temps à compléter la deuxième tâche.

À quoi servent les antidépresseurs ?

Ça, c'est le genre d'étude qui ne plaît pas du tout à l'industrie pharmaceutique : les antidépresseurs seraient à peine plus efficaces que les placebos, affirment deux chercheurs américains.

Ils n'auraient en effet, sur notre cerveau, pratiquement aucun des effets chimiques que leurs fabricants proclament; leur seul véritable avantage serait de donner confiance à ceux qui en avalent. En d'autres termes, ils ne vaudraient effectivement pas mieux qu'une pilule de sucre et de farine – ce qu'on appelle un placebo. Cette conclusion étonnante, qui a déjà eu le temps de faire jaser dans les chaumières, se retrouve dans l'édition de juillet du journal électronique de l'Association américaine des psychologues.

La réplique n'a pas tardé: dans cette même édition du journal, le psychiatre Donald Klein, de l'Université Columbia, émet de sévères critiques à l'endroit de ses deux collègues, reprochant à leur étude de s'être contentée d'un «minuscule» échantillon de patients.

Et pourtant, comme le souligne le *New Scientist*, pour beaucoup de praticiens, ces conclusions ne constituent pas une surprise. «Il y a une énorme incertitude sur la façon dont (les antidépresseurs) fonctionnent, explique le psychiatre britannique Simon Wessely. Le public pense que les médecins savent, mais ils ne savent pas.»

Les compagnies pharmaceutiques proclament que les antidépresseurs sont 40% plus efficaces que les placebos. Pour les deux auteurs de l'étude, l'écart serait plutôt de 25% et encore, expliquent-ils, même ce chiffre est sans doute trop élevé. Autrement dit: prenez 100 personnes décrites comme dépressives, donnez à la moitié un antidépresseur et à l'autre moitié un placebo; vous en aurez peut-être une dizaine du côté placebo qui seront «guéries»… contre une douzaine avec la «vraie» pilule. Vraiment pas de quoi se tirer par terre…

Memento, 24 juillet 1998

De l'influence de la pub

Les publicités sur la cigarette incitent bel et bien les adolescents à fumer, révèle une étude du *Journal of the American Medical Association*. Bien plus, la publicité a un impact chez les adolescents qui n'avaient aucune envie de fumer. Les chercheurs avaient interrogé, en 1993, quelque 1 700 adolescents californiens qui n'avaient jamais fumé et avaient dit n'avoir aucune intention de le faire. Trois ans plus tard, les mêmes adolescents ont été interrogés : un tiers avait commencé à fumer, ce que les chercheurs attribuent aux « activités promotionnelles » des compagnies de tabac. Par exemple, ceux qui, en 1993, pouvaient nommer leur publicité sur le tabac préférée, étaient, trois ans plus tard, deux fois plus nombreux que les autres à avoir fumé.

Hebdo-Science, 31 mars 1998

ENTRACTE
Le *Titanic*

Eh bien oui, le Titanic. *Vous ne vous imaginiez tout de même pas qu'on serait capable de faire une revue de l'année 1998 sans dire un mot du* Titanic ?

Les secrets du Titanic

PAR PAULINE GRAVEL

« *A*près une heure et quart de descente et un repérage dans l'obscurité la plus complète à l'aide du sonar, j'ai allumé les projecteurs du Nautile. On se trouvait alors à la base de la proue du navire qui est presque intacte, contrairement à la poupe qui a littéralement implosé. L'émotion était telle que tout l'équipage est demeuré silencieux pendant de longues minutes, en état de recueillement, toutes nos pensées tournées vers cette nuit du 14 avril 1912.»

C'était lui : c'était le *Titanic*. Depuis sa première plongée au fond de l'Atlantique, en 1987, à la rencontre du navire le plus célèbre du XXᵉ siècle, Paul-Henri Nargeolet (P.H. pour les intimes) y est retourné pas moins de 25 fois, dans le cadre de quatre expéditions (1987, 1993, 1994 et 1996). Et chaque nouvelle descente a fourni sa moisson d'émerveillement.

«Magnifique et inoubliable épave!» lance ce chef d'expédition à l'Institut français de recherche pour l'exploitation de la mer (IFREMER). C'est à bord du Nautile, un petit sous-marin possédant deux bras hydrauliques, semblable à celui qui apparaît dans les toutes premières scènes du film *Titanic* de James Cameron, qu'il a effectué ces descentes. Et il fallait y mettre le coût : seule une coque de titane (un métal très résistant) d'une dizaine de centimètres d'épaisseur permet au Nautile d'atteindre les 3 850 mètres de profondeur où gît l'épave depuis 86 ans.

A-t-il aimé le film ? Et comment ! Les images de l'épave, tournées avec un matériel semblable à celui utilisé par le Nautile, et à bord de deux sous-marins du même type que le Nautile, mais russes ceux-là, « sont excellentes et traduisent bien l'impression que l'on éprouve face à ce mastodonte », raconte P.H., qui en a pourtant vu d'autres, lui qui possède à son tableau de chasse des épaves remontant jusqu'à l'époque romaine.

Mais celle du *Titanic* l'a davantage ému, en raison de sa profondeur (la plus profonde qu'il ait jamais explorée), de ses étranges draperies de rouille ainsi que, surtout, du mythe qui entoure ce naufrage.

Un musée sous-marin

Plus de 4 000 vestiges ont été renfloués jusqu'à maintenant, allant du dé à coudre jusqu'au coffre-fort (comme dans le film !) en passant par un portefeuille et son contenu.

Fragilisés, gonflés par l'eau, parfois bouffés de l'intérieur par les bactéries, les objets du *Titanic* remontés à la surface doivent, on s'en doute, être traités avec d'infinies précautions. Un laboratoire d'Électricité de France (EDF) en banlieue parisienne, auquel s'est joint plus récemment un autre laboratoire français, LP3, a mis au point, à l'intention de ces objets, « des techniques de restauration douces et non destructives ».

Plus concrètement, cela signifie, par exemple, que pour nettoyer les objets métalliques conducteurs d'électricité tels que les bijoux, les pièces de monnaie, l'argenterie, et un angelot de bronze semblable à celui fixé au bas de la rampe du grand escalier de la première classe, on a procédé par électrolyse. Cette technique basée sur l'utilisation de l'électricité a permis d'éliminer les concrétions et les ternissures causées par les bactéries (soufre), la rouille ou le sel de mer. Des électrolyses locales ont aussi été pratiquées sur certaines taches incrustées dans les porcelaines et les faïences. Le traitement électrolytique a parfois dévoilé des surprises, comme cette inscription sur une assiette proclamant qu'elle était incassable! Une fois traitée, elle avait l'air d'une neuve! Pour les matériaux organiques non conducteurs d'électricité, comme les cuirs (sacoche, portefeuille, etc.), les billets de banque, les brosses, les blaireaux et les tissus, on a fait appel à l'électrophorèse. Ce nom étrange désigne une technique qui consiste à faire migrer à l'intérieur de la pièce à restaurer des ions qui la débarrasseront des sels de mer qui s'y sont introduits. Se contenter de la bonne vieille méthode – les faire sécher à l'air libre – aurait provoqué une cristallisation de ces sels qui aurait détruit le matériau par l'intérieur, le rendant dur et cassant.

Tout ce travail entraîne parfois des surprises : par exemple, certains accessoires de toilette (miroir et brosses) portant la marque *Royal Ivoire France* étaient constitués... d'une imitation d'ivoire. On a aussi retrouvé deux billets de 5 $ portant le même numéro de série! Y avait-il un faussaire à bord?

On s'étonne que ces objets aient pu supporter une aussi longue immersion dans une eau salée quelque peu acide, approchant le point de congélation, et à une profondeur où s'exerce une pression 400 fois supérieure à la pression atmosphérique : en effet, les objets ne présentent aucune déformation physique (sauf les bouchons des bouteilles de vin qui se sont enfoncés!). Par contre, ils ont tous subi des corrosions chimiques et bactériennes. Car des bactéries prolifèrent bel et bien à ces grandes profondeurs, même si on n'y retrouve ni oxygène ni lumière. Elles constituent d'ailleurs un sujet d'étude passionnant pour les experts, et le microbiologiste canadien Roy Cullimore, qui a participé à l'une des plongées, a prélevé de nombreux échantillons de ces micro-organismes. Ce sont ces bactéries qui représentent la principale menace pour l'épave, car elles en dévorent les parties métalliques. En dégradant le métal, elles produisent des sulfures qui se déposent à la surface des objets et forment d'étranges concrétions qui drapent la carcasse du bateau.

Autre phénomène étonnant, les matériaux d'origine organique, tels que les cuirs, les papiers, les vêtements, de même que les cosmétiques comme les savons, les poudres et les crèmes, se sont relativement bien conservés, quoique très affaiblis : en gonflant les cellules composant ces matériaux, l'eau a disloqué leur structure interne. Mais ils sont toujours là, au contraire des meubles, escaliers et autres objets ornementaux en bois, qui n'ont carrément pas survécu. Seules deux clarinettes en ébène, un bois très dur, ont assez bien résisté. Après 86 ans sous l'Atlantique, ceux qui les ont taillées en seraient sûrement fiers...

Un secret de moins

Ce sont les plongées de Paul-Henri Nargeolet, depuis 1987, qui ont également permis de résoudre une énigme. On savait qu'un iceberg plusieurs fois plus massif que le *Titanic* avait raclé la coque du navire à tribord, scellant ainsi son triste sort. Mais on formulait de multiples hypothèses quant au type de dommages ainsi causés. En 1996, on a fait appel à un sonar particulier, capable de pénétrer à l'intérieur de la couche de sédiments (jusqu'à une épaisseur de 150 mètres). Sur l'image obtenue de la coque, ce qui est apparu alors n'avait rien d'une brèche béante, comme on l'avait cru, mais plutôt une série d'étroites déchirures d'à peine deux centimètres de large. L'ensemble de ces ouvertures totalise une surface d'à peine un mètre carré. Le problème, c'est qu'elles s'étalent sur une centaine de mètres de long, et c'est cela qui a entraîné l'inondation de six des compartiments du paquebot. Lequel, comme on l'explique dans le film, ne pouvait supporter que quatre compartiments inondés...

L'épave du *Titanic* ne cesse de hanter la mémoire de P.H. Bien que plus personne ne caresse aujourd'hui le rêve de renflouer la proue entière – elle est trop fragile et ne supporterait pas la remontée – l'épave recèle encore de nombreux secrets. Le *Titanic* n'a pas fini de fasciner.

La Presse, 8 février 1998

Le code morse subira le même sort que le Titanic

PAR ISABELLE LANTHIER

Le code morse fut adopté comme signal universel de détresse après la catastrophe du *Titanic*, en 1912. Le 1ᵉʳ février 1999, il n'existera plus que dans les livres d'histoire.

Les progrès technologiques ont eu raison de lui. Après avoir servi, pendant des décennies, à envoyer des appels à l'aide et à repérer navires et avions en perdition, le fameux signal S.O.S. (trois points, trois traits, trois points, initiales de «Save Our Ship») sera complètement abandonné l'an prochain par le Canada et la communauté internationale.

La décision remonte en fait à dix ans. En 1988, l'Organisation maritime internationale (IMO), un organisme des Nations Unies basé à Londres, décidait, au cours de son assemblée annuelle, d'abandonner le morse. Cet organisme avait constaté plusieurs années plus tôt que les avancées technologiques permettaient désormais de mettre sur pied un système global de sécurité beaucoup plus efficace que l'alphabet télégraphique inventé par Samuel Morse en 1832.

C'est que le système morse n'est pas sans failles. Tout d'abord, il requiert, 24 heures sur 24, la présence attentive d'un opérateur, écoutant les ondes à une radiofréquence moyenne de 500 KHz. Ensuite, la transmission du message ne peut s'effectuer que sur une courte distance, environ 150 milles nautiques. Et enfin, la transmission du message peut être affectée par le mauvais temps.

De concert avec les États-Unis, la France et la Russie, le Canada a participé à la mise sur pied d'un nouveau système maritime global de détresse et de sécurité (GMDSS), pouvant servir à envoyer des signaux de détresse, à localiser un navire en difficulté, et à coordonner l'opération de sauvetage. Ce système n'est plus basé sur les ondes courtes, au contraire du morse, mais sur la technologie des satellites. Un satellite capte les messages de détresse, et les renvoie à un des centres de coordination des opérations de sauvetage (CCOS), installés dans une foule d'endroits stratégiques, aux quatre coins du globe. Au Canada, les principaux sont à Trenton (Ontario), Halifax (Nouvelle-Écosse) et Victoria (Colombie-Britannique). Deux centres secondaires sont situés à Québec et à Saint-John's (Terre-Neuve). Ils sont gérés par la Défense nationale, en collaboration avec la Garde côtière.

C'est par ce système satellite que le bateau du regretté navigateur canadien Gerry Rouf fut repéré l'an dernier.

Dès 1988, le Canada a adhéré au programme COSPAS-SARSAT (Système spatial de recherche de navires en détresse – Programme international de satellites de recherche et sauvetage). L'accord qui lie le Canada au COSPAS-SARSAT consiste à fournir des appareils appelés «répéteurs de recherche et sauvetage». Installés à bord des satellites, ces appareils sont l'élément-clef permettant de capter les messages de détresse des bateaux et de les retransmettre aux stations terrestres, en l'occurrence les centres de coordination.

L'avantage de ce nouveau système est évident : les messages peuvent être captés en tout temps. Ce ne sont plus des humains qui sont à l'écoute, mais des machines qui ne dorment jamais. Les messages peuvent également être captés peu importe la distance à laquelle se trouve le navire, au contraire du «vieux» système, qui nécessitait une antenne de réception pas trop loin... ou un autre bateau. De plus, les signaux envoyés au satellite ne sont pas affectés par la météo.

Pour l'instant, le Canada continue d'utiliser les deux systèmes de sécurité, le satellite et le morse, et ce pour une période encore indéterminée. Toutefois, dès 1999, tous les bateaux devront être munis d'un équipement de transmission de message par satellite :

un petit radio transmetteur à très haute fréquence et un « transpondeur radar ».

En 1996, le nouveau système maritime global de détresse a été utilisé 124 fois au Canada pour des appels de détresse et a permis de sauver 69 vies.

La Presse, 1er mars 1998

DEUXIÈME PARTIE
Manipuler la vie

Un animal cloné à partir d'une cellule d'un autre animal; une tomate qui se fait injecter un gène étranger lui permettant de résister à une espèce, et seulement une, d'insecte; des médecins qui décodent petit à petit ce qui fait la nature même d'un être humain, ces 100 000 gènes qui tiendraient tout entier sur le point qui termine cette phrase.

En 1998, la génétique a cessé de nous étonner. On ne sursaute plus lorsqu'on entend parler – généralement par un simple entrefilet – de la découverte du gène de ceci ou de cela. En revanche, on reste pantois lorsqu'on apprend qu'on peut désormais «fabriquer» le jumeau identique d'une brebis, ou d'une souris: ce qu'on appelle un clone. Et comme de juste, on se demande aussitôt: à quand les humains?

Mais il y a un autre aspect de l'histoire qui nous échappe souvent, noyé qu'il est dans le flot rugissant de ces annonces qui se succèdent les unes aux autres: cet aspect, c'est l'économie. Clonage, manipulations génétiques, aliments transgéniques... Ces réalisations ne sont pas que des exploits scientifiques. Derrière tous ces travaux se profile autre chose: l'argent.

Pistez l'argent

Clonage : une affaire de gros sous qui fait peur

«Les vaches clonées vaudront plus cher que les brebis clonées», a déclaré en janvier 1998 le Dr Ian Wilmutt, de l'Institut Roslin, en Écosse, le «père» de Dolly, la brebis clonée un an plus tôt. Le Dr Wilmutt faisait cette déclaration en apprenant que des chercheurs américains avaient réussi à cloner deux vaches.

Un autre pas a en effet été franchi en janvier dans l'histoire naissante du clonage, et ce nouveau pas était lui aussi prévisible. Après les brebis, c'est à des vaches que les chercheurs James Robl, de l'Université du Massachusetts et Steven Stice, de la compagnie Advanced Cell Technology, se sont attaqués.

Avec une nuance : ces vaches ont été clonées à partir de cellules d'embryons (ce qui n'est plus un exploit), et non de cellules adultes, comme pour Dolly. Mais avec un élément de plus : ces vaches ont été clonées après qu'on eut injecté un gène humain dans l'ovule. Un gène qui serait porteur d'une protéine servant à combattre une maladie que les chercheurs n'ont pas identifiée et qui pourrait, si tout s'est bien passé, se retrouver dans le lait de ces vaches.

La possibilité d'une production massive de lait de vaches clonées, pour le transformer ensuite en médicaments, constitue, on s'en doute, un marché potentiellement très lucratif.

Les vaches auront une valeur économique plus élevée que les brebis, a reconnu Ian Wilmutt, pour la simple et bonne raison qu'elles produisent davantage de lait. Un bon rapport qualité-prix, quoi.

Encore le clonage humain

Cette réalisation survient au moment où les déclarations du physicien américain Richard Seed, qui a annoncé deux semaines plus tôt son intention de se cloner lui-même, continuent de provoquer des remous. Les autorités américaines ont annoncé que toute expérimentation conduisant au clonage humain devrait d'abord obtenir leur autorisation, ce qui, dans les faits, met un arrêt au rêve de Richard Seed d'établir une telle clinique à Chicago. Et pourrait l'obliger à tenter sa chance dans un pays qui ne l'interdirait pas – mais le Mexique, qui avait été mentionné, a lui aussi mis le holà à de telles initiatives.

Ceci dit, jusqu'à quel point ce physicien de 69 ans avec une formation en biologie mais aucune en médecine doit-il être pris en sérieux ?

Le *Philadelphia Inquirer* en a tracé un portrait peu flatteur. Celui d'un chercheur désireux d'attirer l'attention, qui cite Dieu à tour de bras, qui dit qu'il aimerait être capable de se cloner lui-même et, surtout, qui a eu sa part d'échecs dans sa vie professionnelle.

Père de sept enfants nés de trois mariages, Richard Seed a perdu récemment 300 000 $ dans une entreprise immobilière avec l'un de ses fils. Mais ce n'était que la dernière de ses entreprises : dès l'obtention de son diplôme de physique à Harvard, en 1958, il lance une compagnie de semi-conducteurs. Il en perdra le contrôle lorsque de nouveaux investisseurs le mettront à la porte. Après avoir travaillé dans l'industrie des lasers, il se lance avec son frère Randolph Seed dans celle de l'implantation d'embryons. L'entreprise fera faillite. Plus récemment, il a tenté de mettre au point des procédés pour améliorer les greffes de peaux. Les expériences ont été déclarées un échec en décembre.

« Il pense que le clonage peut être fait avec des humains, déclare au *Philadelphia Inquirer* son fils Russell. Les gens vont en débattre avec lui, et il ne s'arrêtera pas tant qu'il n'aura pas prouvé qu'il a raison. Et une fois qu'il l'aura prouvé, il va se tourner vers quelque chose d'autre. Coloniser la Lune ou Mars, par exemple.»

En manchettes, 26 janvier 1998

Le jour de paye
des biotechnologies

Les biotechnologies ont une chose en commun avec Internet : les prévisions de revenus se révèlent toujours trop optimistes...

« Le jour de paye des biotechnologies approche », titrait le *Washington Post*. Air connu, répliqueront les présidents de ces petites compagnies de « biotech » qui ont poussé comme des champignons transgéniques depuis plus de 10 ans. Air connu, parce qu'il y a plus de 10 ans qu'on leur annonce que les profits, c'est pour bientôt.

C'est que tout cela est très aléatoire. On peut être sur la piste d'une révolution pharmaceutique ou médicale, d'une innovation majeure en agriculture ou en foresterie. Mais le problème, c'est que l'histoire des sciences est remplie d'innovations qui ont mis des décennies avant d'aboutir. Les investisseurs de risque ont donc largement le temps de voir les actions monter en flèche lorsque des résultats préliminaires sont publiés... et de perdre leur chemise pendant les années d'insuccès qui suivent.

D'après une estimation publiée en juillet dans le *New Scientist*, sur les 430 compagnies de biotechnologies cotées à la bourse à travers le monde, à peine 10 % seraient rentables. Les autres se croisent les doigts, en attendant les résultats de leurs tests sur des animaux ou des humains.

Il y a deux ans, les biotechnologies représentaient le secteur le plus « hot » sur le marché boursier européen. Cet été, le ballon s'est dégonflé, notamment avec la mise à pied du directeur des recherches cliniques de British Biotech – navire-amiral de l'industrie, aux yeux d'une bonne partie de ses compétiteurs. Le directeur en question, Andrew Millar, avait, en privé, prévenu les principaux investisseurs que sa firme s'était, délibérément, montrée trop optimiste dans ses rapports sur les essais cliniques de son nouveau médicament contre le cancer.

Genentech, MedImmune, Amgen, GNE, Arris Pharmaceutical, Sequana Therapeutics... Ce sont là quelques-unes de ces firmes qui ont donné des ulcères aux financiers au cours des années 1990, passant du découragement le plus profond à l'optimisme le plus irrationnel. Dans un dossier spécial, la revue *The Scientist* se penchait sur cet optimisme débridé, généré en partie par le public et ses attentes – mais des attentes que les présidents de ces firmes ne manquent pas de stimuler, conscients que cela fera grimper le cours de leurs actions...

Découragements, excitations, auxquels il faut ajouter des fusions et acquisitions à la pelletée, lesquelles transforment rapidement ce secteur en un véritable labyrinthe où une chatte ne retrouverait pas ses petits...

Mais ces années de vaches maigres sont terminées, assure le *Washington Post*, appuyé par la firme de consultants Ernst & Young. Une poignée de compagnies sont finalement devenues rentables et toute l'industrie, déclarent les analystes, devrait sortir du rouge au tournant du prochain siècle.

À preuve, disent-ils, les ventes et l'emploi grimpent de 20 % par année, la gestion est devenue moins « universitaire » et plus « économiste », ce qui, cela va de soi, ne peut être qu'un gage de réussite...

Là encore, les internautes auront l'impression d'entendre un air connu...

Hebdo-Science, 8 septembre 1998

Le clone et l'argent du clone

L'annonce, en juillet 1998, du clonage d'une cinquantaine de souris, n'a pas seulement servi à confirmer que Dolly-la-brebis n'était pas un accident de parcours. Elle a aussi fait sonner le tiroir-caisse...

Est-il besoin de le rappeler à ceux qui entretiendraient encore quelques soupçons de naïveté, manipulations génétiques, clonage et toute cette sorte de choses n'ont pas seulement pour but de faire progresser la science. Elles sont également synonymes de gros sous. De très gros sous.

Certes, le clonage de cette cinquantaine de souris est en soi une révolution scientifique. Entre autres, la technique employée à l'Université d'Hawaii est différente de celle qui avait été employée un an plus tôt en Écosse, à l'Institut Roslin, pour cloner Dolly. Par ailleurs, le simple fait d'y être parvenu confirme qu'il est possible de cloner à partir de cellules d'un animal adulte – comme ce fut le cas avec Dolly – plutôt qu'à partir de cellules d'embryons – ce qui, depuis des années, n'était plus un exploit.

Mais au-delà de la science, il y a donc l'économie. Quelques dépêches d'agences de presse, rapidement passées inaperçues à côté de celles relatant l'exploit, nous ont ainsi appris que moins de 48 heures après la publication de la découverte dans la revue *Nature*, les chercheurs de l'Université d'Hawaii et de l'Institut Roslin annonçaient la création d'une *joint venture*. Celle-ci aura pour but de s'attaquer au clonage de porcs, dont les organes serviront à des transplantations chez les humains.

Un commerce potentiellement fort lucratif : aux États-Unis seulement, plus de 40 000 personnes, certains disent 50 000, sont en attente d'une transplantation d'organe ; et devant la pénurie d'organes humains, le porc semble être le meilleur candidat.

Par ailleurs, le jour même de l'annonce à Hawaii, l'Institut Roslin, évidemment mis au parfum, envoyait un mot de félicitations. Ainsi que l'écrivait le Dr Harry Griffin, «ces résultats vont encourager le développement commercial de la technologie du clonage». On ne saurait être plus clair...

Hebdo-Science, 8 septembre 1998

Ceci n'est pas un épisode
des X-Files

*U*n scientifique new-yorkais a déposé un brevet pour créer un hybride d'être humain et d'animal, a révélé le *Washington Post*.

Mais le biologiste Stuart Newman ne veut pas vraiment créer de telles créatures, poursuit l'article : il veut empêcher quiconque de le faire. « Ça va obliger le Bureau des brevets à réfléchir à quelques questions dérangeantes », a déclaré au journal le scientifique, qui avait précédemment fondé le Conseil pour une génétique responsable.

En fait, des hybrides humain-animal existent déjà : des souris, des lapins, des vaches et des brebis sont déjà porteurs de gènes humains qu'on leur a implantés pour produire des produits tels que l'anti-trypsine utilisée contre la fibrose cystique. Aussi, le message que veut envoyer Stuart Newman est le suivant : si nous considérons que l'ajout de quelques gènes humains à un animal est acceptable, à partir de quel niveau la situation devient-elle inacceptable ?

Hebdo-Science, 12 mai 1998

Voici, au passage, une initiative originale, qui pourrait faire des petits des deux côtés de l'Atlantique.

Aliments transgéniques : les Français s'expriment

Initiative originale en France : une «Conférence des citoyens» sur les aliments transgéniques. Quatorze non-spécialistes choisis au sein de la population, «représentatifs de la France profonde», écrit *Libération*, ont débattu avec des spécialistes des avantages et désavantages des manipulations génétiques.

Parmi ces 14 personnes, un éleveur de porcs, un prothésiste dentaire, une employée de librairie, un étudiant en science politique, une retraitée... tous sélectionnés par un institut de sondage. L'idée n'est pas nouvelle en Europe, mais c'est une première en France.

Au préalable, ces gens ont suivi une formation s'étalant sur deux fins de semaine, question de ne pas être trop perdus devant l'avalanche de termes techniques qui risquait de leur tomber dessus. Car termes techniques il y a. «Jargon incompréhensible», écrit *Libération*, débat qui démarre «cahin-caha», le courant qui «ne passe pas»...

Et pourtant, la discussion a bel et bien eu lieu. Et les «non-experts» ont forcé l'admiration, par leur ténacité, la justesse de leurs questions et leur capacité à coincer dans les zones d'ombre les experts, parmi lesquels on retrouvait plusieurs représentants de firmes de biotechnologie qui craignaient comme la peste que ces «non-experts» n'accouchent de résolutions qui leur feraient une très mauvaise publicité.

Bref, un moment rafraîchissant dans un débat trop souvent réservé aux initiés. Faut-il ou non utiliser des aliments transgéniques dans l'alimentation ? Réponse des citoyens : peut-être que oui, mais auparavant, un moratoire s'impose.

29 juin 1998

Manipuler la vie, cela nous ramène à des problèmes de santé bien concrets. La pénurie d'organes en est un qui trouble nos riches sociétés occidentales depuis bien longtemps. En dépit de la demande énorme pour des greffes, les donneurs se font désespérément rares. Et les chercheurs, depuis plus de deux décennies, se retrouvent devant deux routes possibles, toujours les mêmes : la technologique et l'animale.

D'un côté – l'option technologique –, des laboratoires, aux quatre coins du monde, tentent de mettre au point toutes sortes d'organes artificiels, avec parfois des succès retentissants, plus souvent des annonces qui se transforment en faux espoirs.

De l'autre – la voie animale –, des chercheurs planchent année après année sur les problèmes que pose la greffe d'organes d'animaux. La technique est connue et éprouvée : là n'est pas le problème. Mais peut-on greffer un organe d'animal sans risquer de faire passer aux humains une maladie qui leur était jusque-là inconnue ? Quel type d'adaptation faut-il faire subir à un foie de porc pour que l'organisme humain ne le rejette pas ? Nos connaissances en génétique sont-elles désormais suffisantes pour passer à la « production d'organes » à grande échelle ?

Des porcheries pour faire pousser des organes humains

PAR MICHEL MARSOLAIS

Alors que les pénuries d'organes à greffer s'accentuent, les spécialistes examinent toujours la possibilité d'utiliser des organes de porcs pour solutionner le problème. Ces organes pourraient même être « cultivés » dans des fermes spéciales.

Réunis en congrès à Genève, les spécialistes de l'Organisation mondiale de la santé ont évoqué la venue prochaine de fermes animales où seront élevés des porcs génétiquement modifiés, capables de donner leur cœur, leur foie et leurs reins aux humains.

Greffer des organes d'animaux reste un gros problème technique tout autant qu'éthique. Mais comme le dit la chanson, «tout le monde veut aller au ciel mais personne ne veut mourir». Entre le trépas et le cœur de cochon, beaucoup n'hésiteraient pas s'ils avaient le choix.

«Il est clair que les organes humains ne résoudront jamais la disette d'organes pour la transplantation. Les organes seront vendus et achetés comme n'importe quelle marchandise», pense la spécialiste britannique Rachel Bartlett.

Rien qu'aux États-Unis, le potentiel de greffes d'organes est de 40 000 par an alors qu'on en réalise à peine 2 000, faute d'organes.

Une trentaine de xénogreffes (greffes d'organes d'animaux) ont été tentées depuis 1963, mais toutes ont échoué. Selon une compilation de l'Université de Pittsburgh, la durée de survie des patients a été de quelques heures à neuf fois.

Évidemment, on ne greffe pas les organes de cochons ordinaires. Il s'agit d'animaux sur lesquels on greffe des gènes humains (d'où le terme transgénique) pour déjouer le système immunitaire et éviter le rejet.

Les firmes Imutran (Grande-Bretagne) et Nextran (États-Unis) produisent déjà des porcs transgéniques à cette fin.

L'homme ressemble beaucoup au cochon... mais les deux ne sont pas toujours victimes des mêmes maladies. Un des grands problèmes des xénogreffes consiste à éviter de transmettre des maladies porcines aux humains.

C'est pourquoi on souhaite élever les porcs modifiés génétiquement dans l'environnement stérile et contrôlé de porcheries spéciales.

Mais la bataille est loin d'être gagnée. Les efforts pour produire des porcs exempts de virus capables d'infecter semblent pour l'instant dans un cul-de-sac.

La découverte, il y a quelques mois, de deux rétrovirus de porc potentiellement transmissibles aux humains, fait craindre le pire. Deux instituts de recherche britanniques suggèrent déjà que l'élevage de porcs transgéniques sans virus est pratiquement impossible.

De quoi faire du sang de cochon...

Le Journal de Montréal, 30 novembre 1997

Et enfin, après avoir manipulé génétiquement veaux, vaches, cochons, couvées, il ne faudrait surtout pas oublier nos amis les arbres.

Nouvelle-Zélande : le pays de la génétique forestière

PAR PIERRE DUBOIS

*L*es économistes ont déjà voulu faire de la Nouvelle-Zélande un modèle. Voilà que les ingénieurs forestiers tournent eux aussi leurs regards vers cette île du Pacifique Sud. Là-bas, la foresterie repose sur des plantations d'arbres génétiquement améliorés qui poussent vite et sont à l'origine d'une industrie très prospère, à côté de laquelle l'industrie forestière québécoise donne l'impression d'être encore au berceau.

Depuis le siècle dernier, les Néo-Zélandais ont planté des pins du sud (*Pinus radiata*), originaires de Californie. En 1989, ils produisaient 10 millions de mètres carrés de bois industriel, soit environ le tiers de la production québécoise. Le plus surprenant, c'est que tout ce bois était tiré d'un territoire faisant à peine 1,5 million d'hectares, soit tout juste deux fois l'île d'Anticosti. En 1996, la superficie forestière exploitée par toute l'industrie s'étendait sur 29 millions d'hectares. Par unité de surface, la forêt de la Nouvelle-Zélande produit 20 fois plus que celle du Québec.

Les Néo-Zélandais attribuent ce succès forestier à l'amélioration génétique qu'ils pratiquent avec zèle. Robert Beauregard, chercheur de Forintek à Québec, qui revient d'un séjour de deux ans au Forest Research Institute de Rotorua en Nouvelle-Zélande, explique qu'ils en sont à la 13e génération de pin améliorée génétiquement. Depuis les années 1920, les pins Radiata ont été plantés massivement en Nouvelle-Zélande. Au cours des années 1950, parmi des plantations d'arbres du même âge, ils en ont trouvé un, nommé Clone 55, qui poussait beaucoup plus vite que les autres. « La croissance de cet individu s'écartait de six écarts types de la moyenne », explique M. Beauregard. En termes simples, le Clone 55 est un véritable monstre. Statistiquement, il y a une chance sur un million d'obtenir un arbre ayant une pareille croissance.

Les Néo-Zélandais ont donc fait en sorte que cet arbre gigantesque puisse se reproduire très, très souvent. Au cours des années 1980, les arbres plantés étaient presque tous des descendants du Clone 55.

Résultat : les pins Radiatas de la Nouvelle-Zélande prennent 15 ans pour atteindre 25 mètres de hauteur. On parle d'une productivité moyenne de 25 mètres par hectare par an. Au Québec, la productivité moyenne est de 1,5 mètre par hectare par an.

Cette sylviculture industrielle, imitant les méthodes utilisées depuis longtemps en agriculture, est considérée comme une avenue pouvant permettre de prévenir la destruction industrielle des dernières forêts naturelles du globe.

Car contrairement au Québec, la production de bois industriel de la Nouvelle-Zélande a aujourd'hui pratiquement délaissé les coupes en forêt naturelle. Avec ses plantations, la Nouvelle-Zélande espère produire 55 millions de mètres de bois, soit autant que la production de la Colombie-Britannique.

Peupliers hybrides

La technologie n'est pas entièrement inconnue chez nous : il existe actuellement quelque 100 000 peupliers à croissance rapide plantés au Québec. Les fabricants de panneaux gaufrés s'y intéressent. C'est le cas notamment des Industries Norbord de Val-d'Or et de La Sarre, de Forex à Saint-Michel-des-Saints ou Mallette à Saint-Georges de Champlain. L'intérêt est également très net chez les fabricants de cartons, tel Cascades à Cabano ou Cartons Saint-Laurent à La Tuque et Matane.

Les peupliers hybrides à croissance rapide sont le résultat des recherches de Gilles Vallée, chercheur aujourd'hui retraité du ministère des Ressources naturelles. M. Vallée a consacré toute sa carrière à mettre au point des peupliers hybrides, un croisement entre des peupliers japonais ou européens et d'autres peupliers indigènes au Québec, tel le peuplier deltoïde ou le peuplier baumier. Ces peupliers montrent une productivité de 15 mètres par hectare par an et sont résistants aux conditions climatiques et aux principales maladies présentes au Québec. Des mélèzes à croissance rapide ont aussi été mis au point.

Quelques dizaines d'hectares d'arbres à croissance rapide pour tout le territoire québécois représentent une goutte d'eau dans l'océan de forêts naturelles qui alimente l'industrie forestière. Mais comme une portion du bois provient d'un territoire de plus en plus nordique, et que la pression environnementale internationale se fait de plus en plus forte, la génétique a de beaux jours devant elle...

La Presse, 12 avril 1998

À qui le crime profite

Oublions maintenant l'argent. Il y a d'autres motifs, tout aussi peu altruistes, pour tenir à maîtriser les bases même de la vie. Et ceux-là, si on a à peine commencé à les effleurer en 1998, n'en promettent pas moins des lendemains qui déchantent.

Bioterrorisme : la vraie peur de l'an 2000

*L*e mot à lui seul fait peur : « bioterroriste ». C'est le successeur des poseurs de bombes et des résistants armés d'AK-47. Un pot de confitures apparemment vide, une bestiole invisible à l'œil nu, et vous pouvez semer le chaos au cœur même d'une grande ville.

La possibilité d'une guerre contre l'Irak a remis à l'ordre du jour la peur d'une guerre biologique, mais en attendant, la possibilité d'un terrorisme biologique, elle, est bien réelle. Finis les vieux croûtons de l'IRA, de la Corse ou du Sentier lumineux. Place à l'anthrax, à la variole, à la salmonelle ou même, pourquoi pas, à la fièvre Ebola. Bienvenue dans le monde des terroristes du XXIᵉ siècle !

Et c'est même à se demander s'il existe une parade, lorsqu'on lit un article du *New Scientist* publié à la mi-mars et intitulé fort éloquemment « Nowhere to hide ». Ou une entrevue parsemée d'histoires terrifiantes, accordée presque au même moment au quotidien britannique *Daily Telegraph* par un ex-officier soviétique qui fut, jusqu'en 1992, à la tête du plus grand complexe industriel de fabrication d'armes biologiques au monde.

Dans tous les cas, la conclusion est claire et nette : aucune nation n'est prête à faire face au bioterrorisme. Une épidémie de variole, par exemple, un virus dont la souche « naturelle » est aujourd'hui éradiquée, trouverait devant elle des autorités médicales démunies, faute de vaccins en nombre suffisant. Et ce, malgré l'existence d'un programme du département américain de la Défense consacré spécifiquement aux « préparatifs » en vue d'une telle éventualité. Et en dépit du fait que des villes comme New York ont d'ores et déjà organisé des « simulations ».

Cent kilos d'anthrax répandus dans des endroits stratégiques, et le virus atteindrait la majorité de la population d'une ville en quelques jours, soulignent les plus inquiétants parmi les experts.

Dès 1996, le *New Scientist*, encore lui, publiait un gros dossier chapeauté du titre « Bioterrorism ». Avec des articles aussi rassurants que « All Fall Down » (tout s'écroule), où on rappelait entre autres des histoires pratiquement oubliées aujourd'hui. En 1984, par exemple, les représentants d'une secte religieuse avaient versé de la salmonelle dans des bars à salade de dix restaurants de la ville de Dalles, en Oregon, dans le but de rendre malade un nombre significatif d'électeurs, et ainsi influencer une élection locale. Plus de 750 personnes avaient effectivement été malades, et il avait fallu du temps aux autorités médicales avant d'admettre que l'épidémie avait été délibérément créée – on croyait à un empoisonnement alimentaire accidentel.

« Nous avons perdu notre innocence ce jour-là », déclare au magazine scientifique un responsable de la santé publique de l'Oregon.

Et bien sûr, il y a eu le cas, encore plus brutal, de cette secte japonaise appelée Aoum qui, le 20 mars 1995, provoqua la mort de 12 personnes et l'hospitalisation de 5 000 autres (!) avec un gaz mortel dans le métro de Tokyo.

De l'avis des experts interrogés par CNN lors d'un récent congrès, ce n'est qu'une question de temps avant qu'un tel drame ne se produise à grande échelle.

Bonne nuit, les enfants...

Memento, 27 mars 1998

Armes biologiques : premier acte

*L*es armes biologiques ? La crise irakienne les a remises à l'ordre du jour. Il n'est pas inutile de rappeler qu'elles sont loin de relever de la science-fiction. En dépit de tous les coups qui lui ont été portés pendant la guerre du Golfe, en 1991, et en dépit de l'embargo qui lui est imposé depuis, la capacité de l'Irak à fabriquer des armes biologiques reste en effet très forte. Et même une sous-secrétaire américaine au Département d'État reconnaît que de neutraliser ces armes est loin d'être évident : quelques heures suffisent pour donner à un laboratoire fabriquant des armes biologiques l'apparence d'un innocent laboratoire pharmaceutique ou agro-alimentaire.

Avec une nuance, toutefois : que l'Irak possède ces armes ne signifie pas que ce pays a la capacité de les expédier par des missiles à longue portée – vers Israël, par exemple, ou l'Europe, comme certains esprits apeurés l'ont suggéré.

Ceci dit, il serait téméraire de concentrer tous les feux de la rampe sur le méchant Saddam. La guerre biologique est loin de constituer une chose nouvelle. Les historiens la font remonter jusqu'au temps des Romains, qui utilisaient des animaux morts pour empoisonner les réserves d'eau ennemies.

L'utilisation « moderne » remonte à 1918, avec la création par les Japonais d'une section spéciale de l'armée : l'unité 731. Cette unité connut son baptême du feu en 1931, avec l'occupation par les Japonais de la Mandchourie, un territoire chinois. L'unité 731 y eut pour mission de s'approprier une « réserve de matériel expérimental humain ». En d'autres termes, des cobayes. En 1941, des avions japonais répandirent en au moins cinq occasions le virus de la peste au-dessus du territoire chinois.

Les Américains apprirent rapidement l'existence du programme de recherche japonais et créèrent aussitôt le leur. Avant même la fin du conflit mondial, ils offrirent l'immunité à des scientifiques japonais qui, sans cela, auraient été inculpés comme criminels de guerre, en échange d'informations sur les opérations de l'unité 731 et sur les expériences menées sur les cobayes humains.

La Grande-Bretagne avait elle aussi, dès le début de la guerre, lancé son propre programme d'arsenal biologique, devant la crainte que l'Allemagne nazie ne soit en train de développer le sien. Le programme britannique se concentra sur l'anthrax, un virus bien connu chez les bovins, et chercha à connaître ce que serait son taux de dispersion, si on l'adaptait à des bombes conventionnelles. L'île Gruinard, au large de l'Écosse, fut utilisée comme lieu d'expérimentation. On pensait qu'une île suffirait à éliminer tout risque de dispersion du virus. Grosse erreur : en 1943, une épidémie d'anthrax décima les troupeaux bovins écossais, juste en face de l'île. Les expériences furent immédiatement stoppées, mais aujourd'hui encore, 50 ans plus tard, l'île Gruinard demeure contaminée.

Au moment de la guerre du Golfe, en 1991, les soldats américains furent vaccinés contre l'anthrax, contrairement aux dénégations officielles à l'époque. Il ne fait pas de doute pour les experts que les laboratoires irakiens seraient, aujourd'hui encore, en mesure d'utiliser cette arme. Mais il n'y a pas qu'eux : en dépit d'accords internationaux interdisant les armes biologiques, une douzaine de pays, dont la Chine, sont fréquemment pointés du doigt comme des possesseurs d'un tel arsenal. Plusieurs pays en développement considèrent en fait ce type d'arme comme le compromis idéal : une arme de destruction massive... à bas prix.

Et il n'est pas inutile de rappeler qu'une épidémie causée par un tel arsenal, on a déjà connu cela : en 1979, des centaines, peut-être des milliers de civils, ont trouvé la mort lorsque, à la suite d'une erreur de manipulation, une souche de l'anthrax créée par l'homme s'est échappée d'un laboratoire militaire soviétique par le système de ventilation et a contaminé la ville voisine de Sverdlovsk. Les gens ont commencé à tomber comme des mouches deux jours plus tard. Les médecins dépêchés en toute hâte identifièrent rapidement l'agent comme de l'anthrax, mais ne purent comprendre pourquoi, dans ce cas-ci, les antibiotiques n'avaient que peu d'effets sur lui.

La version officielle fut que l'épidémie provenait d'une cargaison de viande avariée. En 1986, une version « glasnost » établissait le total officiel de morts à 92, mais maintenait l'histoire de la viande avariée. Ce n'est qu'en 1992 que le président Boris Eltsine allait officiellement reconnaître que la tragédie avait été causée par une arme biologique, comme on le soupçonnait depuis longtemps à l'Ouest.

Depuis la guerre du Golfe, la prise de conscience du danger posé par cette terrifiante course aux armements a conduit les militaires, et en particulier les militaires américains, à augmenter les mesures de protection pour leurs troupes : de meilleurs masques à gaz et des systèmes de détection plus efficaces, susceptibles de donner un préavis de 30 minutes. Mais tout est encore loin d'être au point, révèle le *Philadelphia Inquirer*: les « détecteurs » restent encore, dans beaucoup de cas, au stade expérimental, et la formation des médecins militaires demeure très incomplète.

En manchettes, 23 février 1998

La passion

Fort heureusement, il n'y a pas dans la vraie vie que le savant fou, le dictateur psychopathe ou le capitaliste salivant. Il y a aussi de véritables passionnés.

Bon, d'accord, on ne comprend peut-être pas tout ce qu'ils racontent, mais leur enthousiasme fait plaisir à voir...

L'ennemi aux 4 millions de morceaux

Pour vaincre votre ennemi, vous devez d'abord apprendre à le connaître. Cette philosophie aussi vieille que le monde a été suivie par une équipe d'une quarantaine de chercheurs franco-britanniques : au terme d'un travail de moine de deux ans, l'ennemi a tant et si bien été analysé qu'on en connaît désormais ses 4 411 429 morceaux.

Et ils tiennent tous sur un millième de millimètre.

Il faut savoir, avant d'aller plus loin, qu'il n'y a pas que le projet de génome humain qui mobilise les scientifiques. À travers le monde, ils sont nombreux à tenter de décoder le bagage génétique d'autres bestioles : et parmi ces bestioles, la responsable d'une maladie que l'on avait crue en voie d'être éradiquée, mais qui effectue un dramatique retour en force : la tuberculose.

Le décodage de la bactérie responsable de cette terrible maladie, *Mycobacterium tuberculosis*, vient en effet d'être complété, et l'exploit s'est mérité la une de la revue *Nature*. Car ce n'est pas un mince exploit : le génome de la bactérie *TB*, comme on l'appelle aussi, se compose de 4 411 529 paires de base, elles-mêmes contenant quelque 4 000 gènes (l'être humain, en comparaison, en compte 100 000). Beaucoup de chiffres pour une si infime forme de vie. Mais une forme de vie qui a tué une quantité innombrable de gens tout au long de l'histoire. Et qui continue de tuer : aussi étonnant que cela paraisse en notre ère d'antibiotiques et de télé-médecine, la tuberculose, rapporte l'agence Reuters, tue chaque année plus de gens que le sida et la malaria réunis : trois millions de personnes, la majorité dans les pays en développement.

La tuberculose s'attaque aux poumons et est l'une des maladies les plus résistantes aux traitements médicaux que l'on connaisse. D'où l'intérêt créé par le fait de la connaître sous toutes ses coutures.

Car l'espoir, c'est évidemment que ces nouvelles connaissances accélèrent la production d'un vaccin, expliquent en chœur les chercheurs de l'Institut Pasteur, en France, et du Centre Sanger, en Grande-Bretagne. « Je pense que ce sera un moment-clef dans l'histoire de la recherche sur la tuberculose », déclare à Reuters le Dr Stewart Cole. De la poignée de micro-organismes dont on a décodé le génome entier depuis deux ans (dont... la levure de bière !) c'est sans conteste celui qui aura le plus de répercussions sur la santé publique.

La tuberculose en effet, non contente de reprendre des forces dans les pays du Sud, a été signalée ces deux dernières années aux quatre coins de l'Amérique et de l'Europe, en particulier dans les quartiers pauvres. L'Organisation mondiale de la santé estimait récemment qu'entre 1998 et 2000, près d'un milliard de personnes pourraient être infectées, 200 millions en devenir malades, et 70 millions en mourir, à moins que les stratégies de prévention ne soient sérieusement renforcées.

En manchettes, 15 juin 1998

Un Québécois sous la coupole

PAR LUC DUPONT

On ne visite pas une académie des sciences tous les jours. Et il n'est pas courant non plus de pouvoir traverser ces salles illustres et tricentenaires, accompagné d'un scientifique... sherbrookois! Car ce Sherbrookois est lui-même membre de cette académie. En fait, l'Académie avec un grand A: la prestigieuse Académie des sciences de Paris, qui est à la science ce que l'Académie française est à la langue.

Membre aux côtés de prédécesseurs fameux: André-Marie Ampère (celui des ampères!), Alessandro Volta (la pile électrique), Albert Einstein, Marie Curie, Pierre-Gilles de Gennes (prix Nobel de physique, 1991), Pierre Deslongchamps fut le premier Québécois introduit comme «associé étranger» à l'Académie des sciences. Albert Einstein, Edmund Halley (la comète) et Charles Darwin eurent, en leur temps, ce statut.

Chimiste et actuel directeur du Laboratoire de synthèse organique de l'Université de Sherbrooke, il fut reçu à l'Académie en mars 1995 pour avoir apporté, dans les années 1980, une contribution remarquable à la chimie: la «construction», avec ses étudiants, d'une molécule très complexe, que l'on disait impossible à synthétiser, le ryanodol. Et pour avoir créé, à travers cette synthèse, des stratégies de reconstruction moléculaire inédites, susceptibles d'alimenter, au siècle prochain, tous ces grands fabricants de molécules que sont les compagnies pharmaceutiques.

Le Palais de l'Institut

Nous avions rendez-vous avec lui à 15 h au Palais de l'Institut, à Paris, à deux pas de la Seine. Là logent non seulement l'Académie des sciences, mais aussi ses quatre «sœurs»: l'Académie française, celle des Beaux-Arts, des Inscription et Belles-Lettres, et celle des Sciences morales et politiques.

Ce jour-là, comme chaque lundi, les académiciens se réunissent dans la Grande salle des séances, pour leur exercice public hebdomadaire. Décor impressionnant: grande aire rectangulaire (qui fait un peu penser à un salon de l'Assemblée nationale), où murs et plafond sont complètement recouverts de boiseries et de tableaux; où des niches creusées dans les murs abritent des bustes et des statues de quelques Grands Immortels.

Ces séances publiques, partie visible de la vie de l'Académie, sont assez courtes – une heure – et consacrées à l'actualité scientifique. Les académiciens y entendent un court exposé donné par un des leurs, sur un sujet de pointe (génétique, fractale, cancer...). On en profite aussi pour accueillir les scientifiques célèbres de passage en France.

Comme les autres associés étrangers, occupés pour la plupart par leur travail chez eux, Pierre Deslongchamps n'assiste que rarement à ces séances. Cependant, comme la majorité des académiciens, il est impliqué à un niveau ou à un autre dans les nombreux travaux qui composent la partie moins visible de l'Académie. «Je siégerai bientôt au comité éditorial des *Comptes-rendus de l'Académie* [revue savante où les scientifiques font paraître des résultats de recherches de pointe]. On m'a aussi demandé de faire partie du comité d'orientation d'une École Polytechnique. Enfin, je pourrais, au besoin, intervenir sur des sujets touchant ma discipline, la chimie, qui ressurgiraient dans l'actualité.»

Telles est en effet la tâche des Académies des sciences aujourd'hui: par des livres, des colloques, des rapports, elles tentent de jouer, dans la société, ce rôle que leur confèrent leur indépendance des pouvoirs publics: une «chambre de réflexion», en quelque sorte. L'Académie des sciences de Paris travaille en ce moment à la production de cinq rapports, touchant notamment à l'avenir de la recherche, à la place du français dans les publications scientifiques et à la pollution atmosphérique engendrée par les transports.

L'Académie peut aussi jouer le rôle de « conscience scientifique ». C'est ainsi qu'elle fut récemment l'instigatrice d'un important colloque sur la possibilité de « breveter » le génome humain.

On est loin de l'ancien rôle de « bras savant » de la bureaucratie royale, qui fut celui de l'Académie durant les décennies qui suivirent sa fondation en 1666, par l'influent Colbert, conseiller de Louis XIV.

Sur les banquettes réservées aux visiteurs, nous sommes à quelques mètres des académiciens. Une centaine sont présents, en tenue de ville : l'habit officiel – veste et pantalon recouverts de broderies, gilet, épée et bicorne ! – est réservé aux séances solennelles, celles que l'on tient deux ou trois fois l'an sous la Coupole, une autre salle du Palais de l'Institut.

Un très grand nombre de têtes blanches témoignent d'un passé, encore récent, où l'Académie accueillait ses scientifiques indépendamment de leur âge. Les deux plus âgés sont Louis Leprince-Ringuet et Théodore Monod, respectivement nés en 1901 et 1902. Le plus jeune est Jean-Christian Yoccoz, un mathématicien né en 1957. En l'an 2000, les nouveaux académiciens ne pourront être âgés de plus de 55 ans lors de leur élection. (Pierre Deslongchamps avait 57 ans lors de la sienne.)

Le peu de femmes présentes est quant à lui révélateur d'un passé non révolu. Elles ne sont que 13 à l'Académie... sur 452 membres. Consolation : en 1994-1995, pour la première fois de son histoire, l'Académie a élu à sa présidence une femme, la biochimiste Marianne Grunberg-Manago.

Sous la coupole

16 h : c'est la fin de la réunion. Pendant que les académiciens s'attardent un peu à discuter, nous sommes entraînés par M. Deslongchamps, dans la grande salle des séances solennelles – la «Coupole». Majestueuse, avec sa lumière naturelle qui lui vient de l'immense coupole. En pointant un des luxueux fauteuils verts, Pierre Deslongchamps raconte : «J'étais assis juste là lors de la cérémonie qui marqua mon entrée officielle.» Et regardant l'escalier derrière nous, il ajoute : «Nous sommes descendus – la dizaine de nouveaux élus – au milieu d'un cordon d'honneur formé de gardes avec les épées et la livrée d'apparat. Les académiciens avaient revêtu leur habit officiel. Le président Chirac était là. Quand est venu mon tour, je suis monté sur la tribune et, pendant deux minutes, quelqu'un a fait mon éloge. C'était très solennel, très émouvant. Pendant ce court laps de temps, on se prend au sérieux...»

«N'empêche, conclut-il, que je suis fier d'être ici. Tous les grands chimistes du XIXe siècle y sont passés, dont un de mes maîtres, Victor Grignard. Et puis il y a tous les autres, que j'aurais voulu rencontrer : Pasteur, Claude Bernard...»

La Presse, 11 janvier 1998

Expo-Sciences : la piqûre
des biotechnologies

PAR ISABELLE RIVEST

Qui a dit que les filles n'avaient pas la bosse des sciences ? Ally Pen et Pohien Ear, deux Montréalaises de 18 ans, ont remporté la médaille d'or de l'Expo-sciences pancanadienne 1998, qui avait lieu cette année en Ontario, pour un travail en biotechnologie. Et pas n'importe quel travail : si leurs conclusions sont confirmées par d'autres chercheurs, elles pourraient contribuer à sauver des vies.

Ce que les deux jeunes femmes ont apporté, c'est rien de moins qu'un renversement de ce qui était admis jusqu'ici dans la communauté scientifique au sujet de ce qu'on appelle les «récepteurs TGF-B de type 1»; ceux-ci jouent, dans notre corps, un rôle essentiel pour la cicatrisation des plaies. Lorsqu'ils sont déréglés, ils peuvent devenir dangereux, et entraîner une fibrose, susceptible de menacer notre vie.

Jusqu'à maintenant, on croyait que ces récepteurs étaient situés à la surface des cellules. Les travaux d'Ally Pen et de Pohien Ear laissent plutôt croire, à l'aide d'une série de photos en deux dimensions, qu'ils se trouveraient à l'intérieur de la cellule et, en plus grande concentration, dans le noyau. Une autre série de photos en couches successives a donné du poids à ces conclusions. Le jury de l'expo-science a été fort impressionné.

Pas prétentieuses pour deux sous, nos deux *cracks* montréalaises demeurent très humbles devant leur succès inattendu. «Nous devons encore réaliser d'autres études afin de prouver ces résultats», explique Pohien.

À l'âge où la plupart de leurs amies ne songent qu'à s'amuser et rêvent à Leonardo di Caprio, Ally et Pohien passent une bonne partie de leur temps libre dans les laboratoires de l'Institut de recherche en biotechnologie (IRB). « Si les récepteurs TGF-B de type 1 se trouvent vraiment à l'intérieur de la cellule, il nous reste à comprendre leur fonction. En les emprisonnant à l'extérieur, nous pourrions observer les réactions de la cellule et ainsi comprendre le rôle des récepteurs, par déduction », poursuit Pohien.

École des sciences

Nos deux jeunes scientifiques ont fait beaucoup de chemin depuis leur première participation à l'expo-science, l'année précédant leur victoire. Leur premier projet, le clonage de violettes africaines, leur avait permis de remporter un prix, mais n'avait pas autant retenu l'attention qu'elles l'espéraient. « C'était un travail de vulgarisation sur la fécondation *in vitro* », explique Ally Pen.

Mais elles y ont toutes les deux attrapé la piqûre. À leur deuxième participation, cette année, elles ont franchi allégrement les étapes régionale et provinciale, pour finalement décrocher cette médaille d'or et, par la même occasion, deux autres récompenses. Les autres représentants du Québec n'ont d'ailleurs pas été en reste cette année lors du concours pancanadien, raflant 16 des 24 prix.

Le projet initial des deux Montréalaises était pourtant bien différent à première vue : il s'agissait de prélever un gène fluorescent sur une luciole, un insecte lumineux, pour l'ajouter au bagage génétique d'un arbre et le rendre ainsi, lui aussi, brillant. « L'expérience avait déjà été réussie sur une plante », explique Ally. Le problème, c'est que le seul endroit équipé pour ce genre d'expérience était... en Saskatchewan !

Deux personnes-ressources de l'Institut de recherche en biotechnologie les ont aidées à orienter leurs travaux. « Le plus difficile dans la réalisation de notre projet a été d'intégrer un gène fluorescent aux récepteurs pour les rendre lumineux. Ces éléments sont si petits qu'on ne peut pas les observer au microscope », souligne Ally. Mais c'est ainsi qu'elles se sont retrouvées sur la piste des mystérieux récepteurs TGF-B de type 1...

Et leur travail ne s'arrêtait pas là, car un bon projet scientifique n'est pas un gage de succès. Pour obtenir la cote d'amour du jury, il faut aussi savoir communiquer ses résultats. « Nous avons mis le paquet sur la présentation, admet Ally. C'est la dimension "patinage artistique" du concours ! », explique-t-elle en riant.

Sont-elles troublées par les controverses qui secouent les biotechnologies, ce secteur scientifique en pleine croissance ? « Des gens nous posent souvent des questions éthiques sur les biotechnologies. Nous sommes contre le clonage d'êtres humains. Le danger, c'est de voir resurgir des rêves fous à la Hitler. Dans un monde où l'on voudrait que tout le monde soit parfait, qu'arriverait-il à ceux qui ont des imperfections ? »

Elles demeurent cependant toutes deux convaincues que ces sciences peuvent être bénéfiques. « Ça dépend de la façon dont on les utilise », affirment-elles en chœur. « Le clonage de la peau humaine, par exemple, sert à soigner les grands brûlés. Le clonage d'organes, de veines ou d'artères peut aussi sauver des vies ».

En septembre, elles ont fait leur entrée au cégep, en sciences de la santé. Ally Pen veut poursuivre ses études en biotechnologie et rêve d'ouvrir sa propre compagnie pharmaceutique. Pohien Ear, quant à elle, veut se donner du temps pour explorer d'autres domaines scientifiques. Les expo-sciences sont terminées, mais la piqûre ne les a pas abandonnées !

La Presse, 19 juillet 1998

ENTRACTE
Le vin

Croyez-le ou non, il y a des scientifiques qui passent leur vie à étudier le vin. Décidément, la vie est plus dure pour certains que pour d'autres...

Descente au cœur des arômes

PAR LUC DUPONT

*U*n rapide «coup de pompe» nasal exécuté à la surface d'un grand Bordeaux blanc, et le phénomène se produit. Les quelques centimètres cubes d'air, où flottaient des dizaines de substances volatiles, ont atteint le nez de l'amateur de vin, déclenchant chez lui une série d'images qui provoquent, chez ses compagnons, quelques sourires...

«Hum... Odeurs vertes ici : je dirais du buis... Avec... avec, oui, quelques parfums d'agrumes : citron, pamplemousse... Et tiens... une petite note exotique, là, de fruit tropical...»

Ces recours aux fleurs, aux fruits, aux épices, voire aux minéraux, pour caractériser l'odeur et l'arôme d'un vin ne sont pas du tout gratuits : il y a dans les raisins des composés chimiques qui collent d'assez près à chacun de ces éléments naturels : «Nous en avons formellement identifié quelques-uns», affirme Denis Dubourdieu, œnologue – expert en vins – et professeur-chercheur à la Faculté d'œnologie. Et la Faculté d'œnologie, personne ne s'en étonnera, est située en France, à l'Université de Bordeaux.

M. Dubourdieu a entrepris, en 1987, une étrange recherche : décoder la structure des molécules odorantes d'un cépage (variété de raisins), et pas n'importe lequel : le sauvignon. Il se lançait alors dans un domaine de recherche pratiquement jamais fouillé : la biochimie des arômes du vin.

Ceux qui se souviennent de leurs cours de chimie n'en seront pas étonnés, l'arôme que dégage un vin dépend, tout bêtement, de la présence de quelques molécules de ceci et de quelques molécules de cela. La question est donc : de quelles molécules s'agit-il ?

« Jusqu'à maintenant, les recherches sur la vigne et le vin avaient surtout pour objectifs de comprendre les défauts du produit (maladies, ravageurs), explique le scientifique, rencontré au milieu d'un vignoble bordelais. On a décidé de s'attaquer plutôt à ce qui fait la qualité d'un vin. Et on a choisi un des aspects les plus importants de cette qualité : les arômes. »

La dimension chimique

Imposant par le nombre de ses composés – 500 substances chimiques volatiles décrites à ce jour – l'arôme ne présente pourtant qu'un dixième de 1 p. cent du contenu d'une bouteille de vin : quelques microgrammes par litre. C'est très peu en regard de la place énorme que prennent les constituants de base : l'eau (de 80 à 85 %), l'éthanol, principal alcool du vin (de 9 à 15 %), le glycérol (de 0,8 à 1,5 %).

Et pourtant, on ne saurait se passer des arômes. Car ce sont ces centaines d'odeurs entremêlées, qui donnent au vin son identité, son profil particulier, bref son âme.

Ce sont aussi ces arômes qui jouent un rôle décisif dans le pur plaisir « organoleptique », c'est-à-dire l'émerveillement des sens que procure le vin. L'éthanol et les sucres déterminent le côté « moelleux », « sirupeux » du vin et les phénols, par leur action coagulante sur les protéines de la salive, son côté « râpeux, tanique ».

« C'est pourquoi tenter de saisir le fondement chimique des arômes d'un cépage, pouvait, pensions-nous, nous aider à mieux comprendre les ressorts à la base de la qualité globale des vins ; mais surtout, nous amener à créer des conditions de culture et de vinification pour que ces arômes soient préservés et présents d'un millésime à l'autre », dit Denis Dubourdieu.

« Pour ces études, on a choisi le sauvignon (à la base des Sancerre, des Pouilly et de nombreux grands Bordeaux blancs) parce que c'est un cépage important mais instable, difficile à vinifier, donnant des vins inexplicablement variables d'une année à l'autre. »

Un long travail s'amorce donc en 1987, qui passera tour à tour de l'extraction des molécules aromatiques d'un sauvignon, à leur identification par toutes sortes de technologies : tantôt le spectromètre de masse, tantôt le... nez humain ! Un travail dont la lenteur s'explique à la fois par la très faible concentration de ces molécules et par la complexité structurelle des odeurs qui sont souvent, comme les couleurs, le produit de combinaisons diverses.

En 1993, paraissent les premiers résultats. On annonce avoir mis au jour le fondement chimique de quelque 50 % des arômes du sauvignon. Du jamais vu ! Dans le lot, se retrouve en particulier une poignée de molécules qui a l'heur de réjouir les chercheurs. L'une d'elles, le mercatohexanol, permet de comprendre la petite note tropicale du sauvignon : « Des recherches nous ont montré un équivalent moléculaire dans le fruit de la passion ». Une autre, le mercatométhylpentanone, correspond au côté « vert » du cépage, puisqu'elle se retrouve aussi dans deux arbustes, le buis et le genêt, ce qui confirme l'opinion des « renifleurs de vin » les plus réputés !

D'une part, l'étude chimique de l'arôme a permis de confirmer que les levures du vin jouent un rôle dans le développement des arômes. « Savoir ces choses nous empêche désormais de rater un vin. Une baisse de 10 p. cent de la qualité des arômes, c'est assez pour qu'un vin perde ce qui faisait son prestige ! »

Mais plus important encore, la caractérisation chimique des arômes permet aux chercheurs d'espérer les contrôler. On s'est ainsi rendu compte que l'oxydation des moûts – c'est-à-dire la réaction chimique, au contact de l'air, du jus des raisins fraîchement pressés – détruisait une partie de leur potentiel aromatique. « Tout le monde a déjà vu une pomme entamée qui brunit après un bref séjour à l'air ; c'est ça l'oxydation, explique Denis Dubourdieu. Or, dans le raisin, on a remarqué que les composés brunis entrent en réaction avec les composés d'arômes.»

Faut-il y voir un excès d'optimisme de la part de ces chercheurs? La voie des arômes est-elle vraiment susceptible d'améliorer la qualité des vins au XXIe siècle? «Déjà, les vins sont bien meilleurs aujourd'hui qu'avant; ceux qui disent le contraire sont d'incorrigibles nostalgiques des paradis perdus, dit l'œnologue, pince-sans-rire. Les connaissances développées au cours des 50 dernières années nous ont amenés à beaucoup plus de qualité. Et la connaissance des arômes nous fera progresser encore.»

Des étudiants du professeur Dubourdieu travaillent en ce moment à la caractérisation aromatique d'autres cépages, les alsaciens cette fois. De son côté, le professeur est engagé dans l'étude du mystérieux vieillissement du vin. «Ce mécanisme qui fait que certains vins deviennent meilleurs en vieillissant – rare endroit où le vieillissement n'est pas associé à la dégradation – tout cela doit sûrement corréler avec une réalité chimique...»

Une question, tout de même, M. Dubourdieu: N'y a-t-il pas danger, en réduisant un arôme enchanteur à la froide formule chimique du mercatohexanol, de tuer le plaisir?

«Connaître le solfège n'a jamais tué le plaisir d'écouter la musique!», proteste le chercheur.

La Presse, 23 novembre 1997

TROISIÈME PARTIE
Manipuler la planète

Le sida, la grippe du poulet, le cancer, le mercure, les champs électromagnétiques, les manipulations génétiques, le terrorisme biologique... Toutes ces peurs de notre fin de siècle sont bien peu de chose à côté des risques que claironnent les environnementalistes. Là, on est vraiment dans les ligues majeures. Non contents de nous prévenir depuis des années que le climat se réchauffe, les voilà en train d'accumuler données après données pour nous démontrer que les calottes glaciaires seraient en train de fondre.

Avez-vous vu le film Waterworld, dans lequel Kevin Costner combat des méchants sur une Terre où il n'y a, justement, plus de terres? Eh bien, c'est le tableau apocalyptique que nous font craindre depuis trois ans, des données en provenance de l'Antarctique et du Groenland qui confirment un net recul de la calotte glaciaire. D'accord, entre ça et une inondation qui irait jusqu'à recouvrir l'Himalaya, il y a une marge que seuls des cinéastes peuvent se permettre de franchir. N'empêche que la calotte glaciaire antarctique a subi un recul, sur 20 ans, de 5 millions et demi de kilomètres carré, annonçait, en septembre 1997, la revue Nature.

Et ce n'est pas tout: nous venons de vivre la décennie la plus chaude du siècle, l'année la plus chaude de la décennie du siècle, le mois le plus chaud de l'année la plus chaude de la décennie du siècle... Où cela s'arrêtera-t-il?

Un avenir incertain

Une fin de siècle tout en chaleur

*A*u cas où vous douteriez encore du réchauffement global : 1997 fut l'année la plus chaude de la décennie. Elle bat 1995 et 1990... qui avaient pourtant été les années les plus chaudes du siècle ! Les données statistiques sur le réchauffement global ne sont pas nouvelles, mais c'est leur précision quasi clinique qui commence à faire peur.

Dans l'édition du 23 avril 1998 de la revue britannique *Nature*, un groupe de climatologues de l'Université du Massachusetts publie une étude détaillée de l'évolution des températures dans l'hémisphère Nord depuis les six derniers siècles. Leurs chiffres confirment ce qu'on savait déjà, à savoir que, si la tendance se maintient, la décennie 1990 sera la plus chaude du siècle. Mais ils ajoutent à cela qu'elle sera aussi la plus chaude des... six derniers siècles !

Déjà, en janvier dernier, la publication des données climatiques de 1997 avait permis d'apprendre que cette année-là avait été la plus chaude du XXe siècle. Mais jamais personne n'était remonté aussi loin que le XVe siècle, ce qui donne une perspective plus inquiétante à ce qui est en train de se passer sur notre fragile planète.

« Cette étude ajoute de solides informations à la quantité croissante de données qui relient le réchauffement de notre planète aux activités humaines », déclare Herman Zimmerman, de la National Science Foundation, qui a subventionné cette recherche.

En manchettes, 27 avril 1998

Le climat est-il déréglé?

«Quatre jours de pluie verglaçante ont produit un manteau de glace allant jusqu'à cinq centimètres d'épaisseur en certains endroits, brisant des arbres, des poteaux de téléphone et des fils électriques.»

Si vous habitez le Québec, vous pensez peut-être que le paragraphe ci-haut décrit les conditions observées pendant la tempête de verglas de janvier 1998? Eh bien détrompez-vous. Il s'agit d'un article d'un quotidien de l'État de New York, décrivant ce qui s'est passé au même moment là-bas.

La tempête exceptionnelle de verglas qui a laissé plus d'un million de Québécois sans électricité, du jamais vu de mémoire d'homme, a également frappé le Maine et le Vermont – deux États où l'état d'urgence a été déclaré – ainsi que le New Hampshire et le Nord de l'État de New York, sans oublier l'Est de l'Ontario.

Et cette tempête n'était que l'extension d'une autre, partie d'aussi loin que la Louisiane, et laissant dans son sillage 30 centimètres de pluie. Le Tennessee à lui seul a compté sept morts et plus d'une dizaine de disparus. De l'Alabama à la Caroline du Nord, des communautés ont dû être évacuées pour cause d'inondations.

Est-il besoin de rappeler les vents effroyables qui ont frappé, tout juste quelques semaines plus tôt, la côte atlantique de l'Europe, laissant dans leur sillage des morts et des dégâts aux infrastructures? Et voici qu'on apprenait, alors même que le Sud du Québec était plongé dans le noir, que de la neige était tombée à Jérusalem et en Jordanie, pour la première fois en six ans.

Pourquoi tout cela nous tombe-t-il dessus? Le climat est-il vraiment déréglé? Ou ne s'agit-il que de phénomènes cycliques naturels – auquel cas nous serions peut-être actuellement au « sommet » de la courbe ?

On aimerait bien pouvoir pointer du doigt un coupable, que ce soit El Niño ou la pollution atmosphérique. Mais pour dix climatologues qui blâment l'humain, il s'en trouve dix autres pour parler de cycles naturels, tout juste amplifiés par l'humain.

Le climat est-il vraiment en train de se réchauffer ? Cela ne fait pas de doute, mais on cherche encore la preuve. Et elle risque de tarder à venir, cette preuve, attendu que le climat est quelque chose qui évolue à coups de dizaines de milliers d'années – alors que les pauvres humains que nous sommes ne récoltent des données que depuis un siècle.

Peut-être est-ce dû à l'année El Niño – ce phénomème entré dans la perception populaire en 1997, qui revient à des intervalles variant centre deux et sept ans et dont la version 1997-1998 est la plus puissante depuis au moins 1982.

Peut-être est-ce effectivement dû à l'action humaine. Mais si tel est le cas, on ose à peine y penser. Parce que cela signifierait que les soubresauts de la météo de l'hiver 1997-1998 ne seraient que les signes avant-coureurs d'un dérèglement majeur.

Autrement dit, on n'a encore rien vu.

En manchettes, 12 janvier 1998

Réchauffement global : l'homme ou la nature ?

PAR Luc Dupont

En dépit de tout ce qu'on a pu écrire en décembre 1997 sur le réchauffement global, dans le cadre de la conférence internationale de Kyoto, ils sont encore nombreux, les scientifiques qui tentent d'expliquer l'actuelle surchauffe de notre petite planète par la nature, plutôt que par l'homme.

« L'idée que l'actuel réchauffement global puisse être causé par une augmentation des émissions de CO_2 d'origine humaine, ce n'est pas en soi une idiotie. Mais si on érige cette explication en dogme, si on n'en accepte plus aucune autre, on n'obtient pas un portrait complet de la réalité », lance Pierre Gangloff, géomorphologue et spécialiste des anciens climats au Département de géographie de l'Université de Montréal.

Selon lui, on ne peut pas parler du réchauffement global actuel – une augmentation de 0,8 °C depuis un siècle – sans parler aussi de l'important refroidissement qui l'a immédiatement précédé. « L'hémisphère Nord a connu, au cours des derniers siècles, la période la plus froide des 9 000 dernières années, la plus froide depuis la fin de la dernière glaciation. Cette période a été baptisée à juste titre le "petit âge glaciaire" », poursuit Pierre Gangloff. Les XVIIe, XVIIIe et une partie du XIXe siècle ont en effet vu les températures moyennes chuter au-dessous des normales de 1,5 à 2 °C.

Ce « petit âge glaciaire » a bien été mesuré au Québec. On parle chez nous d'une baisse de 0,5° entre 1580 et 1880. « À la lumière de ces faits, il est possible de penser que l'actuel réchauffement soit en fait un retour à la normale, une remontée après un creux de trois siècles... »

Serge Payette, directeur du Centre d'études nordiques de l'Université Laval, est aussi de cet avis. «On a connu ici, depuis un million d'années, une dizaine de grandes glaciations. Dix mille ans après le départ des derniers glaciers, nous sommes actuellement en période interglaciaire et même, à la frontière d'une nouvelle glaciation (d'ici à 5 000 ans). Le maximum thermique a été atteint; on vient de connaître un «petit âge glaciaire» et les 100 dernières années nous ont donné une hausse des températures. Dans ce contexte, on peut se demander si cette dernière augmentation correspond à une variabilité naturelle dans un cycle plus grand?»

«Séparer le "naturel" de ce qui ne l'est pas, dans l'actuel réchauffement, c'est assurément ce qu'il y a de plus difficile à faire», admet de son côté l'astrophysicien Gilles Beaudet, de l'Université de Montréal. Lui aussi a en poche une explication pour les grandes variations climatiques à la surface du globe. Il s'agit d'un phénomène connu depuis le XIXe siècle: l'inclinaison de l'axe de rotation de la Terre. «La Terre est une "toupie" penchée qui tourne sur elle-même. C'est cette inclinaison qui fait nos saisons. Or, on sait que cette inclinaison, en moyenne de 23,5 degrés, varie sur de longues périodes, entre 21,8 et 24,5 degrés, amenant la Terre dans des positions favorables ou défavorables à l'accumulation d'énergie.»

Serait-il possible alors d'expliquer l'actuel réchauffement de la même manière? «Les scientifiques voient dans ce phénomène la cause la plus probable des grandes glaciations», souligne l'astrophysicien. Par contre, il serait surprenant que ça s'applique dans le cas présent, car le phénomène astronomique se produit très lentement, sur 100 000 ans, alors que l'actuelle hausse des températures a été très rapide. «Ceci dit, dans l'état actuel des connaissances, on ne peut être certain de rien.»

D'autant que le système climatique, pris dans son ensemble, apparaît encore comme une réalité largement incomprise des scientifiques. «Ce que nous comprenons à ce stade, c'est que le système climatique est un système chaotique, explique le météorologue Peter Zwack, du Département des sciences de la terre de l'UQAM. On sait que beaucoup d'éléments entrent en interaction, mais sans s'inscrire nécessairement dans un processus linéaire. Dans la réalité, si quelqu'un vous pousse, vous allez avancer. Avec le climat, on ne sait pas.»

Le physicien Daniel Caya a travaillé depuis le début des années 1990 à la mise au point d'un modèle de simulation climatique, vaste programme informatique dont il existe une quarantaine de types à travers le monde. «L'une des grandes forces d'un tel outil, c'est la possibilité de faire varier des paramètres climatiques, explique-t-il. Actuellement, on nous demande surtout de nous concentrer sur les quantités de CO_2 et de voir les changements de température qui en résulteraient, mais beaucoup d'autres paramètres pourraient être utilisés.» Par exemple, on pourrait faire varier l'inclinaison de la Terre, jouer avec la quantité d'aérosols, changer les surfaces de déforestation... «Et peut-être ainsi arriver à discriminer qui, de l'homme ou de la nature, est responsable du réchauffement actuel.»

L'incertitude n'exclut pas d'agir tout de suite sur les quantités de gaz carbonique dans l'atmosphère. «C'est certain qu'il faut encourager les gens à rejeter moins de CO_2 et de déchets toxiques dans l'environnement. Je souscris pleinement à ça, souligne Pierre Gangloff. Ce que je dis, c'est qu'il ne faut pas mettre tout le poids de la faute sur le CO_2.» Selon lui, ce sont de telles associations simplistes qui alimentent les visions catastrophistes. «Lors de la crise pétrolière de 1973, on disait qu'on allait manquer de pétrole. Récemment, les pluies acides étaient accusées de détruire les érablières. Qu'en est-il aujourd'hui?»

On s'entend sur une seule chose, fait valoir Peter Zwack: «Comme on ne peut pas savoir ce qu'entraînera au juste cette augmentation de CO_2, il est important d'agir tout de suite sur ce paramètre.» «Car une fois le climat modifié, il n'est pas certain que l'on puisse corriger les choses», ajoute Gilles Beaudet.

La Presse, 30 novembre 1997

La couche d'ozone est-elle un fromage gruyère ?

Le déclin de la couche d'ozone n'est pas près de prendre fin : en fait, il risque d'empirer au cours de la prochaine décennie. Cette conclusion peu rassurante est au centre d'une étude parue dans la revue *Nature*. On y lit que le sommet de la courbe – ou le creux de la vague, si vous préférez – devrait être atteint entre 2010 et 2019, soit une bonne dizaine d'années plus tard que ce qui avait été envisagé jusqu'ici. Les conséquences de ce retard sur l'environnement planétaire sont impossibles à mesurer.

Et il n'y a pas que ça dans cette étude : pour la première fois, une corrélation est clairement établie, quantifiée, entre la progression des gaz à effet de serre et la diminution de la couche d'ozone. Drew Shindell et ses collègues de l'Institut Goddard de la NASA et du Centre de recherche sur les systèmes climatiques de l'Université Columbia, ont créé un modèle qui permet de simuler les impacts à long terme des gaz à effet de serre.

La conséquence : non seulement leur modèle prévoit-il l'apparition d'un « trou » chaque printemps dans la couche d'ozone au-dessus du pôle Nord, semblable à celui qui existe déjà au-dessus du pôle Sud, mais en plus prévoit-il que celui du pôle Nord s'agrandira au même rythme que son frère jumeau s'est agrandi au cours des années 1990.

Et ce n'est pas tout : le « trou » au-dessus du pôle Sud n'aurait pas fini de s'agrandir. Jusqu'ici, la plupart des observateurs s'entendaient pour dire qu'il allait rétrécir d'une année à l'autre – voire, que ce déclin était déjà amorcé. Aujourd'hui, on n'en est plus aussi sûr.

Il y a longtemps que l'on associe les émissions de gaz à effet de serre au réchauffement global. En décembre 1997, les pays industrialisés réunis à Kyoto s'étaient entendus sur une réduction de ces gaz de 5,2% en moyenne (jusqu'à 8% dans l'Union européenne), entre 2008 et 2012, des mesures qui avaient alors été jugées par plusieurs comme extrêmement timorées.

Comme si ça n'était pas déjà suffisant, le *New Scientist* ajoute à ce débat un autre élément, en pointant du doigt les gaz émis par les avions. Il se trouve que les avions ont été exclus de l'accord de Kyoto: grosse erreur, affirme le magazine britannique, qui cite une nouvelle étude de la Table intergouvernementale sur les changements climatiques selon laquelle les émissions de ces appareils seraient responsables de 5 à 6% du réchauffement causé par les gaz à effet de serre. Certains des auteurs de l'étude vont même jusqu'à 10%. Si cette proportion ne paraît pas impressionnante, il faut se rappeler que les gaz émis par les avions (dioxyde de carbone et oxydes d'azote) sont rejetés dans une couche plus vulnérable de l'atmosphère – la haute troposphère, pour les intimes.

Quand ça va mal...

En manchettes, 13 avril 1998

Les dégâts dans notre cour

En attendant que la Terre ne se transforme en radiateur géant, en piscine sans bords ou en désert bombardé par les ultraviolets du Soleil, qu'est-ce qu'on fait des dégâts que les bouleversements climatiques laissent dans notre cour?

Comment gérer la forêt de l'après-verglas

PAR LUC DUPONT

«On gère en ce moment beaucoup d'émotions, dit Bruno Boulet. Il y a des propriétaires qui ont investi de gros montants d'argent dans leur forêt, et qui ont tendance à paniquer quand ils voient les dommages à leurs arbres. Gardons-nous des coupes rapides qui pourraient être très nocives. Laissons aux forêts la chance de se refaire par elles-mêmes.»

Bruno Boulet est ingénieur forestier depuis 18 ans. Il fait partie de la «cellule de crise» constituée au lendemain de la tempête de verglas par le ministère des Ressources naturelles (MRN) pour évaluer les dommages causés aux forêts et mettre sur pied des lignes directrices pour l'aide à la récupération et la régénération des boisés.

Avec ses collègues, il a participé au vaste inventaire aéroporté des forêts endommagées. «Dans les pires cas (au cœur du triangle du verglas), les arbres ont été littéralement écrasés sous 20 à 30 fois leur poids. Toutes les essences ont été touchées, là où il y a eu plus de 80 millimètres de glace. En revanche, il y a eu peu de dommages aux endroits où l'accumulation n'a pas dépassé 30 millimètres.»

Les dommages varient également en fonction de l'âge du peuplement. Par exemple, les plus jeunes (moins de 30 ans), qui ont vu leurs arbres (moins de 20 centimètres de diamètre) ployer cime contre terre, sont parmi les plus affectés. «Ceux-là n'ont pratiquement aucune chance de s'en tirer.»

Il faut cependant regarder les vieux peuplements (une érablière de plus de 50 ans, par exemple) avec plus de discernement. Car beaucoup de ces arbres, dont les cimes ont été partiellement fauchées, survivront. «Des arbres vigoureux ayant perdu de 40 à 60 p. cent de leurs branches peuvent très bien se renouveler, surtout s'il reste suffisamment de branches tertiaires» (celles qui sont porteuses de bourgeons). Il existe en effet un mécanisme énergique de régénération chez l'arbre blessé: des bourgeons jusque-là endormis («en latence» ou «adventifs») se mettent soudain au travail et peuvent présider à la repousse de cinq branches pour chaque branche tertiaire cassée!

«Les arbres que l'on perdra vraiment sont surtout ceux qui ont été amputés de plus de 80 p. cent de leur ramure.»

Des priorités ont déjà été établies par les ingénieurs du MRN pour «panser» ces forêts, que cela prenne la forme de préservation ou de récupération. Il faut prendre en compte la valeur commerciale des essences, de même qu'une panoplie de phénomènes biologiques susceptibles de surgir dans une forêt fragilisée.

Ainsi, on devrait assister, l'automne prochain, à une récupération rapide des arbres les plus gravement blessés, parmi les essences destinées au sciage ou au déroulage. «Un bois d'œuvre endommagé, comme le bouleau jaune ou le frêne, est sensible à l'envahissement des champignons de coloration de l'aubier: le pin blanc qui bleuit est victime d'un tel phénomène, explique Bruno Boulet. Ces bois-là doivent donc être ramassés rapidement, car la coloration leur fait perdre leur valeur sur le marché.»

Côté érablière toutefois, pas question de couper à tous vents les érables blessés. D'abord à cause des menaces d'insolation. «L'amputation de nombreuses cimes par le verglas, fait en sorte que beaucoup de soleil va pénétrer jusqu'au cœur des érablières. Or, les jeunes érables supportent mal la surchauffe de leur tronc. Ils deviennent sensibles à toutes sortes de ravageurs, tel le *glycosius speciosus* ou «perceur de l'érable», un insecte qui pénètre sous l'écorce et la fait éclater. L'insolation atteint aussi le cambium, cette partie de l'arbre qui génère la croissance du bois et de l'écorce. Tout plaide donc pour laisser aux érablières leur couvert feuillu le plus dense possible.

Mais davantage que les insolations, les ingénieurs forestiers craignent que des coupes trop hâtives n'entraînent le changement de vocation de la forêt : que l'érablière se transforme en une tremblière par exemple, une essence de plus faible valeur commerciale.

Encore là, la lumière est en cause. «Si, en faisant trop de coupes, on ouvre une érablière déjà éclaircie par la perte des cimes, elle risque d'être la proie d'essences colonisatrices à valeur économique moindre», explique Zoran Majcen, ingénieur à la Direction de la recherche forestière (MRN). «Ce sont généralement des espèces à semences légères – trembles, bouleaux à papier – qui viennent s'installer dans les ouvertures nouvellement offertes. La surface est aussi envahie par des espèces combatives d'arbustes qui peuvent s'installer très vite.»

«On peut quand même couper certains érables gravement touchés, précise Bruno Boulet. Mais il faut éviter de tout raser trop vite. Je ne veux pas qu'on soit obligé de gérer des changements de vocation de forêts pour les 50 prochaines années!»

Nos forêts vont-elles s'en tirer? «Le prochain été va nous fournir des indices, dit Zoran Majcen : si le couvert végétal verdit mal; si le jaunissement automnal commence tôt en août, ce sera un signe de fragilité.» «Il faut donc attendre, agir avec discernement et étaler la coupe de récupération, ajoute Bruno Boulet.

«Car les arbres sont forts. Selon moi, on se rendra compte, dans quelques années, qu'on avait sous-estimé leur capacité à se rétablir et se régénérer.»

La Presse, 22 mars 1998

Quand la nature pousse au suicide

PAR ISABELLE RIVEST

*L*e taux de suicide augmente après les désastres naturels tels qu'inondations, tremblements de terre et ouragans, révèle une étude américaine publiée dans le prestigieux *New England Journal of Medicine.* Des conclusions qui ne sont pas sans inquiéter les psychologues d'ici.

Réalisée par des chercheurs du Centre de contrôle des maladies d'Atlanta, l'étude se penche sur des désastres survenus dans 377 comtés des États-Unis, entre 1982 et 1989. On constate ainsi que le taux de suicide augmente de 13,8 % pendant les quatre années suivant les inondations, de 31 % au cours des deux années suivant les ouragans et de 62,9 % dans l'année suivant les tremblements de terre.

Comment explique-t-on ce phénomène ? Les victimes de désastres naturels peuvent avoir perdu des membres de leur famille, des amis, des proches. Leurs maisons ont peut-être été détruites. D'autres ont perdu leur emploi ou leur entreprise... Les personnes déjà fragiles, un ex-alcoolique en train de remettre péniblement sa vie sur les rails par exemple, sont plus à risque.

« On connaissait déjà le lien entre les désastres naturels et l'augmentation de désordres psychologiques comme la dépression, l'insomnie, l'anxiété, la consommation de drogue, la violence conjugale... mais on en savait moins sur le suicide », soulignent les auteurs. À la lumière de leurs résultats, ils recommandent qu'un meilleur soutien psychologique et une meilleure aide matérielle, soient offerts aux sinistrés.

Chez nous, nos inondations et notre tempête de verglas pourraient avoir un effet semblable, croit Michel Tousignant, professeur de psychologie à l'UQAM. Et pas seulement dans les quelques semaines qui suivent : « Les gens qui ont perdu leur maison, leur travail ou leur entreprise pendant les inondations du Saguenay ou la crise du verglas pourront avoir besoin de quelques années avant de retrouver leur équilibre. »

Les impacts négatifs pourraient toutefois être atténués grâce au soutien social qui existe au Québec et au Canada. « Quand survient une crise, il est important de répondre aux besoins essentiels des gens. Malgré les coupures, nos programmes sociaux sont encore meilleurs qu'aux États-Unis », affirme Louis Lemay, adjoint à la direction générale de Suicide-action Montréal, un organisme voué à la prévention du suicide. « Pendant la crise du verglas, les chèques émis aux sinistrés avaient aussi une valeur symbolique. Ça voulait dire : on prend votre problème au sérieux. »

Brian Mishara, directeur du Centre de recherche et d'intervention sur le suicide et l'euthanasie (CRISE) de l'UQAM, est du même avis. « Les impacts négatifs sont beaucoup plus grands lorsque les pertes sont permanentes, comme dans les pays où le gouvernement ne fait rien pour venir en aide aux gens », souligne-t-il. « Habituellement, pendant un désastre, le taux de suicide diminue. Si on se retrouve au cœur d'une mobilisation populaire, plutôt que seul chez soi, livré à ses pensées suicidaires, le désastre pourrait même avoir un effet contraire. »

« Les crises sont les périodes où l'on reçoit le moins d'appels », confirme-t-on à Suicide-action Montréal. « Les gens, préoccupés par leur survie immédiate, n'ont pas le temps de réfléchir aux problèmes existentiels », affirme Louis Lemay.

Par contre, « ce dont il faut se méfier, c'est de leur réaction à long terme ».

La Presse, 24 mai 1998

*En voici un qui savait bien, lui, à quel point nous étions
petits, vraiment tout petits, devant les forces de la nature.
Un homme qui a su faire aimer les volcans: faut le faire!
Un communicateur hors pair... mais un être humain peut-être
pas blanc comme neige.*

Haroun Tazieff: le poète du feu et le clown d'amiante

Il était le volcanologue le plus célèbre de la planète. Mais il était aussi fort controversé, et il n'a pas fait que des heureux au cours de sa carrière.

Haroun Tazieff est mort le lundi 2 février 1998, à l'âge de 83 ans. Le «poète du feu», celui qui a fait connaître à des millions de jeunes et de moins jeunes les volcans – les connaître, mais aussi, les admirer – est passé dans l'autre monde dans la discrétion la plus absolue –, si discrètement que ses proches n'en ont fait l'annonce que trois jours plus tard, au moment où avaient lieu ses obsèques à Paris, dans la plus stricte intimité.

Vulgarisateur de renom, à mettre sur le même pied que les Jacques-Yves Cousteau et Carl Sagan? Sans nul doute. L'homme, né à Varsovie en 1914, avait découvert lui aussi l'extraordinaire pouvoir de l'image pour transmettre une idée, ainsi que le pouvoir de la notoriété personnelle, pour influer sur les grands de ce monde.

Mais était-ce un grand chercheur? Là-dessus, les opinions divergent, révélait le quotidien *Libération*. «Tazieff est un clown qui s'habille d'amiante pour faire frissonner les bonnes dames» a un jour déclaré Claude Allègre, l'ancien patron du volcanologue à l'Institut de physique du globe.

Tazieff possédait un bagage scientifique, mais ses connaissances en physique et en chimie, rappelle *Libération*, se révélaient «très lacunaires». Au point de commettre «des bourdes dignes d'un cancre de terminale, en affirmant par exemple que l'hydrogène sulfuré (H_2S) est plus léger que l'air». Il ne comprenait pas vraiment ce que l'on faisait, se souvient l'un de ses anciens collaborateurs.

Ses missions étaient destinées à faire de bons films, avant d'être scientifiques, lui a-t-on reproché. Mais cela, on l'a aussi reproché au commandant Cousteau, ce qui n'a pas empêché les films de ce dernier de se révéler de fabuleuses œuvres éducatives.

Réfugié à Bruxelles en 1920 avec sa mère, qui était à la fois chimiste, sociologue, philosophe et artiste, naturalisé belge en 1936, ce fils unique rêve d'explorer le Grand Nord ou de naviguer sur les océans. Mais poussé par sa mère, il devient ingénieur agronome. La guerre éclate : il s'engage dans la résistance et fait sauter des pylônes et des voies ferrées. En 1945, il se retrouve fonctionnaire au Congo belge et c'est là, en 1948, qu'il observe sa première éruption volcanique. Il quitte son emploi clérical et devient explorateur de volcans.

Sur les conseils de Paul-Émile Victor, spécialiste des pôles et autre célébrité de la vulgarisation, il commence à filmer et à écrire des livres. En quelques années, il devient lui aussi une célébrité, couru par les médias qui le qualifient de «sympathique géologue», le décrivent «à la fois savant et sportif». En 1959, le film *Les rendez-vous du diable*, basé sur un tour du monde des volcans actifs, obtient une foule de récompenses et consacre sa réputation.

Nommé expert de l'UNESCO en 1958, directeur du CNRS français en 1968, secrétaire d'État en 1977, poste qui lui vaudra sa réputation de défenseur de l'environnement, il ne fait pas que des heureux : l'essentiel du travail scientifique qui porte son nom est souvent l'œuvre de ses équipiers. Ils sont nombreux, constate *Libération*, «à avoir défilé à ses côtés, avant de se retrouver mis au ban pour avoir osé émettre une opinion contraire à celle du patron». La devinette favorite des volcanologues était, à une époque : «Comment composer la meilleure équipe de volcanologie du monde ? En prenant tous ceux que Tazieff a virés».

Il s'est aussi forgé une légende, celle d'un expert capable de prédire les éruptions volcaniques. Une légende que les médias ont complaisamment relayée, mais qui est fausse : en janvier 1973, il annonce une catastrophe au volcan Eldfell, sur l'île islandaise d'Heimaey. Rien ne se produit. En avril 1980, il prédit que la situation du mont Saint-Helens, alors en train de se réveiller dans l'État de Washington, sur la côte ouest des États-Unis, n'est «absolument pas dangereuse». Il s'en prend avec vigueur aux géologues américains qui recommandent l'évacuation de la zone. Il encense Harry Truman, 84 ans, un résident bien décidé à ne pas quitter les lieux.

Le 18 mai 1980, l'éruption fera une centaine de morts, dont Harry Truman.

Heureusement pour nous, il n'y a pas que ça. Haroun Tazieff laisse en héritage de splendides images et une opinion publique pour qui les volcans sont moins mystérieux qu'avant. C'est déjà beaucoup.

En manchettes, 9 février 1998

Problèmes locaux

Trop lourd, le réchauffement planétaire ? Trop accablante, la couche d'ozone ? Il est vrai que face à ces catastrophes appréhendées, on se sent comme la fourmi en train de traverser le boulevard à l'heure de pointe, et qui sent bien que, quoi qu'elle dise et quoi qu'elle fasse, elle n'arrivera jamais à maîtriser le pourquoi et le comment de cette circulation.

Nous pouvons donc choisir de nous rabattre sur nos petits problèmes environnementaux bien à nous. Ils semblent drôlement bénins, une fois remis en perspective. Mais au moins, nous sentons que nous pouvons avoir une certaine prise sur eux.

Les aventures d'une truite exotique

PAR ALAIN DEMERS

Depuis longtemps captives dans des stations piscicoles, au moins un million de truites exotiques devaient être libérées, ce printemps, dans des lacs et rivières du sud du Québec. Malgré les risques que cela fait peser sur les poissons qui occupent déjà les lieux.

«Ensemencer» un cours d'eau d'espèces exotiques ne date pas d'hier : c'est au cours des années 1950 que le gouvernement du Québec s'y est mis. L'objectif était clair et net : rendre plus accessible la pêche à la truite. À l'époque, dans les régions habitées, le déboisement des rives, la destruction des frayères et la surpêche étaient en train de faire disparaître l'omble de fontaine (couramment appelé truite mouchetée), si recherché des pêcheurs. Il fallait donc aller de plus en plus au Nord pour le trouver.

Pour le remplacer, les aménagistes ont opté pour la truite arc-en-ciel (originaire de l'Ouest du continent) et la truite brune (provenant de l'Eurasie et de l'Afrique du Nord). Comme elles résistent à des températures plus élevées que l'omble de fontaine, il devenait possible de les introduire depuis le piedmont des Laurentides jusqu'en Estrie, en passant par le Saint-Laurent.

Qui plus est, plusieurs expériences avaient été concluantes, notamment dans la région des Grands Lacs. Personne ne pouvait donc y trouver à redire et, aujourd'hui encore, le ministère de l'Environnement et de la Faune libère près de 300 000 truites exotiques par an. Selon certaines estimations, les aquiculteurs privés en déverseraient au moins trois fois plus, surtout dans des pourvoiries.

Or, de plus en plus d'experts commencent à tirer la sonnette d'alarme. «Dans plusieurs stations piscicoles privées, on utilise peu de reproducteurs et cela, pendant des générations, raconte Yves Marchand, professeur en techniques du milieu naturel au Cégep de Saint-Félicien. Cela entraîne des cas de consanguinité, d'où des lignées moins résistantes aux maladies.»

Ces maladies peuvent dévaster les truites qu'on vient d'ensemencer et elles sont transmissibles aux poissons indigènes.

La furonculose par exemple, une maladie produite par des bactéries, peut être mortelle. Les copépodes, de minuscules crustacés qui s'accrochent aux branchies, empêchent la truite de respirer normalement et l'affaiblissent.

Invasion ennemie

Si en général, la truite arc-en-ciel se déplace et se reproduit peu, elle n'en réserve pas moins des surprises. À preuve cette capture, au pied des chutes Montmorency, d'un spécimen ensemencé dans le lac des Nations, à Sherbrooke! Inutile de rappeler que si elle décide d'entreprendre un aussi long voyage, elle transporte ses bactéries avec elle...

S'agit-il d'exceptions? «Dans la région de Charlevoix, plus précisément dans la rivière du Gouffre, on compte une population de truites exotiques bien établie, alors qu'il n'y a jamais eu d'ensemencements, confirme Pierre Dulude, biologiste au MEF, à Québec. Ces truites peuvent venir de n'importe où, via le fleuve : des Grands Lacs, de la région de Montréal ou de la rivière Saint-Charles, à Québec. » Toujours dans la rivière du Gouffre, les alevins d'arc-en-ciel occupent le même habitat que les tacons (jeunes saumons). Or, en aquarium, on a observé que ces petites truites déplaçaient les tacons.

L'invasion possible de la truite brune soulève à son tour certaines inquiétudes, car elle peut se reproduire avec le saumon atlantique. Des hybrides ont été observés dans des rivières de Terre-Neuve. Pour le moment, on ignore les conséquences sur la population indigène de saumon, que ce soit au niveau de la génétique ou du comportement.

Pour réduire les risques d'invasion ou d'hybridation, le MEF affirme ensemencer désormais des truites stériles, notamment dans le Saint-Laurent. Mais cela coûte plus cher, car la production est plus complexe. En conséquence, cette mesure de prévention ne se fait pas encore partout.

Autre mesure du MEF : l'instauration d'un zonage piscicole. Les ensemencements de truites exotiques ne sont donc plus permis, là où nagent déjà des populations indigènes tels l'omble de fontaine, l'omble chevalier et le touladi.

Mais poursuivre les déversements ailleurs est-il vraiment nécessaire ? Après tout, près des grands centres, les eaux abritent souvent des espèces comme le doré et l'achigan, offrant un bon potentiel pour la pêche sportive.

Le fond de l'histoire, c'est que les pêcheurs préfèrent la truite et que l'État répond à la demande. Ultimement, le MEF pourrait cesser et interdire les ensemencements de truites exotiques, puis en expliquer les raisons au public. Mais ce serait aussi reconnaître qu'il a commis... une erreur.

Le Soleil, 10 mai 1998

Manger des poissons du Saint-Laurent, est-ce grave, docteur ?

PAR ALAIN DEMERS

Malgré tout le mal qu'on dit du fleuve, on y compte plus de 250 000 pêcheurs à la ligne et la moitié d'entre eux consomment leurs prises, selon une enquête du volet Santé de l'entente fédérale-provinciale Saint-Laurent Vision 2000. Ces pêcheurs mettent-ils leur vie en danger ?

Beaucoup de gens le croient : plus de 60 % des riverains estiment dangereux pour la santé de manger des poissons du fleuve. Et pourtant, non, on ne peut pas se rendre malade, dit un nouveau dépliant du gouvernement québécois. C'est même bon pour la santé !

Le dépliant, publié conjointement par trois ministères (Santé, Environnement et Agriculture), n'y va pas avec le dos de la fourchette. Son interminable titre fait dire à un poisson : « Connaissez-vous les Omega-3 ? Moi, oui... Et je suis bon pour la santé ! »

Omega-3, c'est un type d'acides gras essentiels, pouvant aider à prévenir les maladies cardiovasculaires. Il y en a dans tous les poissons, incluant ceux du Saint-Laurent. Une généreuse portion de perchaude (le poisson du fleuve le plus consommé) permet d'atteindre l'apport nutritionnel quotidien recommandé, soit 500 mg.

Était-il nécessaire de dorer la pilule à ce point, pour nous faire avaler les poissons du fleuve ? Après tout, les eaux ne semblent plus aussi polluées qu'avant. « Depuis la fin des années 1970, une réglementation plus stricte a permis de réduire considérablement les rejets industriels », affirme Denis Laliberté, chimiste au réseau de surveillance des substances toxiques dans le milieu aquatique, au ministère de l'Environnement de la Faune (MEF). «Et puis, plusieurs usines ont fermé leurs portes.»

Mais de toutes les percées, depuis les années 1970, c'est de loin le Plan d'action Saint-Laurent qui a le plus retenu l'attention. Depuis son instauration, en 1988, ce programme a permis de réduire de 96% les rejets toxiques des 50 industries les plus polluantes.

Bien que le lien direct soit difficile à établir (il y a d'autres sources de pollution), la teneur en contaminants, dans la chair des poissons, a diminué. Selon des données du MEF, le mercure – le seul contaminant dont les effets sur la santé ont été démontrés, notamment sur le système nerveux – est à la baisse.

Dans le dépliant mentionné plus haut, on signale qu'au lac Saint-Pierre, en 1976, les teneurs moyennes chez un brochet se situaient autour de 0,5 mg/kg, soit le seuil maximum fixé par Santé Canada. Or, 20 ans plus tard, la concentration est passée sous la barre de 0,3 mg/kg.

Même chose pour la perchaude. En 1976, ses chairs contenaient, en moyenne, 0,25 mg/kg de mercure. Deux décennies plus tard, il y en a à peine plus de 0,1 mg/kg.

Une baisse encore plus radicale a été observée pour d'autres contaminants, dont les BPC.

De Minamata à Montréal

Est-il besoin de rappeler que, pour être malade, il faut vraiment manger beaucoup de poisson contaminé, surtout au mercure. Or, au début des années 1970, le battage médiatique à propos de la maladie de Minamata, cette ville du Japon, théâtre de nombreux empoisonnements au mercure, concernait une population qui consommait du poisson plus d'une fois par jour, 12 mois par an et ce, depuis des années. Les symptômes observés : rétrécissement du champ de vision, manque de coordination et perte de sensibilité des doigts. Dans les cas les plus critiques, les échantillons de cheveux indiquaient des concentrations de mercure de 500 parties par million (ppm).

Or, une étude-pilote menée en 1995 auprès de pêcheurs assidus du Saint-Laurent, autour de Montréal, a plutôt établi cette concentration à 0,73 ppm et ce, chez les plus gros consommateurs ! Et les plus gros consommateurs, c'était une moyenne de 45 repas par année, lors de cette recherche menée par la Régie régionale de la santé et des services sociaux de Montréal-Centre.

«Les premiers signes de la maladie de Minamata se remarquent à partir de 100 à 150 ppm, estime le Dr Albert Nantel, du Centre de toxicologie du Québec. Ici, il n'y a pas eu de cas reconnu, à ma connaissance. Nous agissons plus à titre de prévention et d'éducation.»

Malgré tout, on conseille, dans le fameux dépliant Omega-3 de ne pas manger de la perchaude plus d'une fois par semaine. On suggère aussi de ne pas consommer plus de deux fois par mois du doré et du brochet. Pour ces poissons, les délais entre deux repas sont plus grands, car ils accumulent plus de mercure, en mangeant eux-mêmes quantité d'autres poissons.

Mais si vous mangez du poisson du Saint-Laurent à l'occasion seulement, le risque d'accumuler des contaminants est tellement faible qu'aucune restriction n'est suggérée. Seules les femmes enceintes et celles qui allaitent sont priées de s'abstenir, du moins pour le brochet et le doré.

En fait, les règles s'appliquent surtout pour une consommation habituelle et fréquente et ce, pour une période de plusieurs années, précise la nouvelle brochure. Autrement dit, si vous mangez du poisson du fleuve seulement quelques fois par année, il n'y a pas de quoi en faire un plat...

Le Soleil, 26 juillet 1998

Toujours dans la catégorie des petits problèmes bien à nous : avez-vous déjà observé attentivement votre gazon ? Votre beau gazon vert : avez-vous réalisé qu'il s'agissait d'une arme infernale ?

La pelouse : adorable mais dangereuse

PAR HÉLÈNE CÔTÉ

*L*a sacro-sainte pelouse des banlieusards, c'est un véritable péché écologique. Des milliers d'hectares d'écosystèmes variés ont été dévastés pour faire place à ces figures géométriques vertes – qui ne peuvent certainement pas être considérées comme des modèles de biodiversité.

Cette fierté de nos banlieues remonterait au Moyen-Âge, en Angleterre, où les seigneurs faisaient défricher les terres encerclant leurs châteaux pour voir venir l'ennemi. Une fois cela complété, l'herbe, alimentée par un climat pluvieux, poussait fort bien sur ces espaces nus. Ne restait plus qu'à y envoyer les vaches et les moutons, premières tondeuses à gazon de l'histoire.

Avec le passage des siècles, la fonction de la pelouse s'est donc inversée : à l'origine, c'était pour faciliter l'observation ; aujourd'hui, c'est pour qu'on la remarque...

Au Québec, aussi étonnant que cela paraisse, le gazon reste étranger à notre écosystème. Parmi les centaines, voire les milliers de semences existantes, aucune ne convient parfaitement à notre climat. C'est d'ailleurs la raison pour laquelle ça ne pousse pas « comme la mauvaise herbe ».

Une belle pelouse nécessite au contraire beaucoup de soins : le gazon génère une industrie de trois milliards de dollars au Canada, et de 30 milliards aux États-Unis. Et il n'y a pas que les portefeuilles des ménages qui s'en ressentent. Le Centre antipoison a recensé l'an dernier 1 521 cas d'intoxication (par inhalation, contact cutané ou ingestion) causés par des pesticides. Évidemment, chiens et chats, qui adorent mâchouiller et se rouler dans l'herbe, ne sont pas à l'abri de ces risques.

Ce n'est pas la seule conséquence de l'utilisation des pesticides : cette course à l'élimination de la mauvaise herbe et des insectes nuisibles entraîne, à long terme, un appauvrissement du sol, provoquant de ce fait une dépendance à l'engrais. Qui plus est, non contents d'éliminer les insectes, ces produits tarissent la principale source alimentaire des oiseaux : les vers de terre. Enfin, certains produits, comme ceux à base de diazinon, sont extrêmement toxiques pour les oiseaux.

Le pire, c'est que bien souvent, les bestioles dont on souhaite vraiment se débarrasser sont celles qui, dans les années suivantes, se reproduiront le plus facilement... La raison est simple : les insectes sont plus nombreux que les oiseaux, et il suffit de quelques générations pour que le petit groupe de survivants aux produits toxiques engendre une vigoureuse descendance qui porte en elle cette résistance...

Et les victimes du gazon ne s'arrêtent pas aux bestioles affectées par les pesticides. Les centres d'urgence voient souvent défiler des malheureux charcutés par les lames de leur tondeuse à gazon.

Cette chère tondeuse, incidemment, ne fait pas qu'empoisonner l'existence par son ronron du dimanche matin. Elle a aussi sa part de responsabilité dans la pollution atmosphérique : en 30 minutes, ces petits engins peuvent expédier dans l'air autant de gaz carbonique qu'une voiture durant un parcours de 300 kilomètres !

Ce n'est pas tout : en plus de requérir sa tonte hebdomadaire, le gazon consomme beaucoup d'eau. Son entretien commande un arrosage par semaine, et jusqu'à 10 centimètres de profondeur s.v.p. Ce n'est pas pour rien que, depuis des années, les municipalités émettent des règlements rationnant les périodes d'arrosage. Mais en dépit de ces mesures, la pelouse boit tout de même, en Amérique du Nord, jusqu'à 60 % de l'eau disponible pour les villes de l'Ouest et de 30 % à 50 % pour celles situées à l'Est !

Mais attention, après avoir satisfait à toutes ces exigences, lorsque l'herbe est enfin tendre et invitante, il n'est plus question d'y poser le pied. On admire. Et on contourne. La pelouse est un espace décoratif.

Mais au fait, pourquoi décoratif ? Pourquoi ne pas en profiter pour cultiver quelque chose d'utile, comme un potager par exemple ? Tant qu'à besogner sous le soleil...

Tout ça a débuté au milieu du XIXe siècle, lorsque les aristocrates britanniques émigrés aux États-Unis ont décidé de tapisser de vert leurs propriétés. À cette époque, la valeur des terres était déterminée par leur productivité, et le sol gazonné signalait à autrui que son propriétaire était suffisamment riche pour posséder un terrain... parfaitement inutile.

Il n'en fallait pas plus pour que ce signe d'opulence soit copié par les bourgeois puis, par la classe ouvrière. De sorte que 50 plus tard, la pelouse s'étendait déjà indistinctement sur tous les terrains de toutes les banlieues d'Occident et devenait la fierté – et la servitude – des résidents.

La servitude, parce que l'orgueil commande de posséder le gazon le plus vert du quartier. La médisance n'est jamais loin d'un parterre laissé à l'abandon. Le gazon mal entretenu suggère « le drame, le divorce, la mort accidentelle, la dépression, le revers de fortune, le laisser-aller, le célibat, la défaite, [...] quand ce n'est pas une moralité douteuse », relate avec humour l'anthropologue Serge Bouchard dans *Quinze lieux communs*.

La pelouse, en effet, c'est du sérieux. L'aspect des terrains est même réglementé, dans plusieurs municipalités. Un trop grand laisser-aller et on vous colle une contravention. C'est qu'une pelouse négligée peut dévaluer une propriété d'un bon 2 000 $! Pire, lorsque c'est le terrain du voisin qui manque de soins, une maison peut carrément ne recevoir aucune offre d'achats, signale Richard Giroux, qui travaille comme courtier immobilier depuis 18 ans. On a vu des Américains ne pas hésiter à traîner en cour un voisin négligent. Gare aux mauvaises herbes!

Beaucoup de tracas pour l'homme, encore plus d'ennuis pour la nature : voilà le prix à payer pour des pelouses en santé. Aussi, les scientifiques poursuivent leurs recherches pour concevoir un gazon plus résistant aux maladies, aux insectes, à la sécheresse, à l'humidité, à la chaleur, au froid, au soleil, à l'ombre, au trafic piétonnier... À quand la pelouse qui se tondra toute seule?

La Presse, 23 août 1998

Bon, allez, il ne sera pas dit qu'on terminera ce chapitre aux allures apocalyptiques sans vous laisser sur deux sourires. Après tout, même les bouleversements climatiques ont leurs bons côtés...

C'est confirmé : le samedi, il pleut !

Il fait toujours beau pendant la semaine, mais il pleut toujours lorsque commence le congé de fin de semaine ? C'est l'impression que vous avez, mais vous savez fort bien, au plus profond de vous, que c'est juste une impression – parce que la pluie et le beau temps, bien sûr, ne connaissent pas les jours de la semaine ?

Eh bien, détrompez-vous, c'est vrai.

Du moins, pour la façade atlantique de l'Amérique du Nord, de la Floride jusqu'au Québec. Il pleut plus souvent le samedi – et le beau temps revient le lundi matin, comme s'il voulait narguer les travailleurs qui rentrent au boulot.

« Ça nous a pris par surprise », explique Randall Cerveny, climatologue à l'Université d'État de l'Arizona, et coauteur d'une étude parue dans *Nature*. La base de cette étude : les données satellites des précipitations sur l'océan Atlantique, étalées sur 16 ans.

Lorsqu'on examine les moyennes de l'ensemble de l'océan, aucune tendance ne se dégage. Mais, poursuit Cerveny, « lorsque nous avons regardé les précipitations seulement le long de la côte (Est) des États-Unis, il pleuvait beaucoup plus pendant les fins de semaine que pendant la semaine ».

Si on est tous d'accord pour dire que la pluie ne connaît pas les jours de la semaine, il ne reste donc qu'un coupable possible : l'être humain.

La pollution atmosphérique augmente, cela n'étonnera personne, pendant la semaine : quand la circulation automobile est à son maximum dans les villes et que les industries fonctionnent à plein rendement. Pour l'année 1996, et aux États-Unis seulement, ces polluants relâchés dans l'air représentaient, selon l'Agence de protection de l'environnement, 23 millions de tonnes d'oxyde d'azote, 19 millions de tonnes de composés organiques – ces deux éléments étant à l'origine du smog – 88 millions de tonnes de monoxyde de carbone et 19 millions de tonnes de dioxyde de soufre.

Les émissions de polluants grimpent donc pendant la semaine, puis diminuent de 10 à 20% pendant la fin de semaine. L'hypothèse des chercheurs, c'est que ces polluants absorbent la chaleur, augmentant ainsi l'évaporation au-dessus de l'Atlantique. Étalée sur plusieurs jours, cette évaporation remplit les nuages, lesquels se débarrassent de leur trop-plein de pluie le samedi. Cette pluie, en retour, nettoie l'air de sa pollution, ce qui prépare un lundi ensoleillé... et le cycle recommence.

Bref : la prochaine fois que vous blâmerez la nature pour ses fins de semaine désastreuses, il faudra plutôt vous dire que le coupable... c'est vous.

En manchettes, 10 août 1998

Avoir du pif

*L*a nouvelle arme pour traquer les polluants industriels : le nez ! Des scientifiques français ont entraîné pendant quatre mois 17 volontaires du village de Grand Couronne, près de Rouen, où les résidents se plaignent depuis des années des odeurs d'une usine. Pour en arriver à distinguer les odeurs de pas moins de 45 molécules, les volontaires sont incités à associer chaque molécule à une odeur déjà connue – ils mettront ainsi un nom sur chaque odeur. «Au contraire des couleurs et des sons, on ne nous enseigne pas dans notre enfance à faire cette sorte de classification» font remarquer les chercheurs. Ultimement, on espère que les 17 nez seront capables de dire si les mesures antipolluantes de l'usine sont efficaces.

Hebdo-Science, 24 février 1998

ENTRACTE

Les ordinateurs du futur

Ordinateurs : comment briser la barrière du possible ?

PAR PHILIPPE GAUTHIER

Gordon Moore, cofondateur d'Intel, a prédit en 1965 que la puissance des ordinateurs doublerait tous les 18 mois. Cette idée, lancée un peu à la blague, s'est vérifiée au fil des ans et est devenue l'une des lois les plus immuables de l'informatique. Sauf que cela risque de changer : on aura bientôt atteint la limite au-delà de laquelle il ne sera plus possible de rapetisser les composants de la machine !

Maintenant âgé de 69 ans, Gordon Moore croit que le rythme de progression de la puissance informatique va ralentir très nettement d'ici dix ans et que les doublements vont survenir aux trois ans plutôt qu'aux 18 mois.

C'est que la technologie des semi-conducteurs, sur laquelle reposent les ordinateurs actuels, approche de ses limites physiques. Les circuits des microprocesseurs récents n'ont que quelques dizaines d'atomes de large ! Difficile d'aller plus loin : passé un certain seuil, le courant électrique a du mal à circuler.

À cette limite physique s'ajoute une contrainte technique. Le circuit des microprocesseurs est imprimé par un procédé optique, un peu comme on obtient une photo à partir d'un négatif. Or, il devient de plus en plus difficile de contrôler la lumière qui va brûler la plaque de silice : il faut une longueur d'onde précise, et les lentilles utilisées sont à l'extrême limite de ce que la technologie permet de fabriquer.

L'industrie parvient pour le moment à contourner ces problèmes. Mais à quel prix ? Fabriquer des puces coûte une fortune.

En fait, le prix des usines double à chaque nouvelle génération de microprocesseurs. Intel en possède présentement deux valant 2,5 milliards de dollars américains chacune. D'ici deux générations, il en faudra deux de 10 milliards de dollars chacune. Aucune autre industrie ne se paie des usines à un prix pareil.

Un maelstrom de données

Les contraintes physiques, techniques et financières ne sont pas les seules à condamner la technologie des puces, à plus ou moins brève échéance. Pour faire fonctionner, par exemple, un modèle informatique complet de l'atmosphère terrestre, il faudrait un ordinateur capable de traiter 1 000 trillions d'opérations par seconde, soit l'équivalent de dix fois la puissance combinée de tous les ordinateurs en réseau aux États-Unis.

Intel fabrique actuellement un ordinateur avec une capacité phénoménale de... un trillion d'opérations par seconde. L'astuce consiste à faire fonctionner 9 000 processeurs Pentium Pro en parallèle. Mais impossible d'imaginer un ordinateur 1 000 fois plus puissant sur cette base : la chaleur dégagée par les millions de puces suffirait à faire fondre la machine !

Pour éviter cette impasse, plusieurs hypothèses sont dans l'air. Certains croient que le jour où les circuits semiconducteurs auront atteint leur limites, les supraconducteurs prendront le relais : le principe consiste à les plonger dans des milieux très froids (par exemple, de l'hélium liquide), proches du zéro absolu, où certains matériaux n'offrent plus aucune résistance au courant électrique. En théorie, cette méthode permettrait de concevoir des microprocesseurs 1 000 fois plus rapides. En pratique toutefois, l'imposant circuit de refroidissement que cela nécessiterait risque de limiter cette technologie aux gros ordinateurs fixes. On imagine mal le propriétaire d'un ordinateur portatif traîner avec lui un bain d'hélium liquide !

L'ordinateur quantique

Mais les yeux se tournent de plus en plus vers quelque chose de plus fascinant : l'ordinateur quantique. Celui qui, en théorie, se servirait des mouvements des particules d'un seul atome pour traiter de l'information ou l'emmagasiner. Il faut savoir qu'en physique quantique, chaque particule peut adopter divers états (selon ce que les physiciens appellent son spin, sa direction, etc.). Dans un ordinateur, ces états quantiques remplaceraient les interminables séries de 0 et de 1 qui forment le cœur de la technologie actuelle.

La théorie derrière une telle machine est au point depuis au moins dix ans. La pratique, c'est autre chose. Car le hic – et il est de taille – c'est que ces états quantiques sont hypersensibles : un peu trop de chaleur ou un rien de lumière et hop, la particule change de spin. Le défi consiste donc à la maintenir cohérente et stable jusqu'à ce que l'ordinateur utilise l'information qu'elle contient.

Irréaliste ? Apparemment pas. En avril 1998, une équipe réunissant des chercheurs d'IBM et des universités de Stanford et Berkeley (Californie) a monté un ordinateur quantique rudimentaire. Celui-ci a été capable de retrouver une donnée parmi quatre ; une tâche banale, mais qui masque un extraordinaire exploit technique. L'information, codée par ondes radio, reposait sur le spin de molécules de chloroforme. La lecture des données était faite par un appareil à résonance magnétique dérivé de ceux que l'on retrouve dans les hôpitaux.

Ceci dit, entre cet exploit et un véritable ordinateur quantique, il y a une marge, qui ne sera pas franchie avant un bout de temps. Le premier ordinateur quantique commercial n'est donc pas pour demain. D'ici là, il faudra se faire à l'idée que l'informatique va, après 30 ans de surchauffe, progresser plus lentement. Et certains diront : « enfin ».

La Presse, 6 septembre 1998

Calculer avec de l'ADN

PAR ANNE VÉZINA

En 1994, l'informaticien américain Leonard Adleman prenait la communauté scientifique par surprise en utilisant des séquences d'ADN et les techniques de la biologie moléculaire pour solutionner un problème mathématique.

« L'ordinateur à ADN » est en effet un autre des phantasmes des informaticiens confrontés aux limites physiques qu'atteindront bientôt les micro-processeurs (voir le texte précédent). Mais pourrait-on vraiment résoudre tous les types de problèmes mathématiques avec des séquences d'ADN ? Peut-on envisager la construction de tels ordinateurs ? Au cours d'un passage à Montréal, Lila Kari, du Département de sciences informatiques de l'Université de Western Ontario, a répondu par l'affirmative à ces deux questions.

Leonard Adleman avait utilisé l'ADN pour trouver le chemin le plus court qu'un représentant devrait prendre pour visiter sept villes. Chaque ville s'était vu attribuer une séquence d'ADN, c'est-à-dire un groupe de quatre lettres (« l'alphabet » ADN contient quatre lettres : A, C, G, T). L'informaticien a ensuite mélangé toutes ces séquences et les a laissées interagir. Les séquences ont fini par former une double chaîne dont un des brins correspondait à l'itinéraire recherché.

Un ordinateur « classique » peut facilement solutionner ce problème. Mais puisqu'il ne fait qu'essayer toutes les combinaisons possibles, la difficulté augmente avec le nombre de villes. Pour l'instant, aucune machine n'est capable de traiter 1 000 villes à la fois. Or, c'est là que surgit l'intérêt de l'ADN. Une cuillère à soupe peut facilement contenir jusqu'à 1 014 séquences qui travaillent en même temps. Les plus optimistes estiment qu'un ordinateur à ADN serait un milliard de fois plus efficace qu'un ordinateur conventionnel... et qu'il utiliserait un trillion de fois moins d'espace pour emmagasiner l'information!

Personne n'annonce toutefois la disparition de l'ordinateur électronique: les deux pourraient continuer d'évoluer en parallèle, le nouveau-venu se chargeant des opérations mathématiques majeures (en météorologie, en génie du bâtiment, etc.), ou du stockage de gigantesques banques de données, tandis que l'ordinateur «classique» continuerait de servir aux usages quotidiens.

Il ne faut pas perdre de vue, explique Lila Kari, qu'un ordinateur à ADN est essentiellement de l'ADN dans une éprouvette: mélangez les séquences, chauffez les brins pour les séparer, etc. Compte tenu du temps requis pour effectuer toutes ces manipulations et lire les séquences qui contiennent la réponse, les ordinateurs électroniques seraient donc de loin plus efficaces pour écrire une lettre urgente ou pour combattre les monstres de l'espace!

La Presse, 6 septembre 1998

QUATRIÈME PARTIE

Cosmos 1998

La station Mir *nous a un peu laissés tranquilles cette année. Si 1997 fut son Annus horribili, 1998 fut étrangement marquée par un plus grand calme, pendant que la station russe vieillissante poursuivait son petit ronron autour de la Terre. Quant au reste du front spatial, rien n'a pu égaler l'engouement planétaire suscité par la sonde américaine sur Mars,* Pathfinder, *à l'été 1997.*

Mais on a tout de même eu de quoi s'occuper. Mars Global Surveyor *qui, depuis l'orbite martienne, a donné un coup dévastateur au culte du «visage de Mars»;* Galileo *qui, depuis l'orbite de Jupiter, n'a eu de cesse de nous faire phantasmer sur la possibilité de vie sur une petite lune appelée Europe;* Deep Space 1, *qui va peut-être ouvrir la porte à un nouveau système de propulsion, longtemps réservé aux ouvrages de science-fiction...*

Et par-dessus tout, on a parlé astéroïdes. Les astronomes se souviendront sans doute de la décennie 1990 comme celle de la lente prise de conscience du danger que posent réellement ces cailloux qui se baladent dans le cosmos. Mais plus que toute autre année de cette décennie, 1998 aura été celle où certains ont cru pour de bon que le ciel était à la veille de leur tomber sur la tête.

Si le ciel nous tombe sur la tête

Auriez-vous vu mon parapluie antiméteorites?

Ouf... En fin de compte, il ne nous tombera pas sur la tête en octobre 2028, ce caillou venu de l'espace. Mais si cela avait été le cas, quelle parade aurions-nous eu? Comment doit-on se comporter face à un vilain astéroïde?

Si vous avez répondu, «sortir le parapluie», vous avez perdu. Si vous avez répondu, «se construire un abri antinucléaire», vous avez également perdu. Parce que la puissance d'une pierre de plus d'un kilomètre de large, comme cet astéroïde 1997XF11 qui a fait trembler la Terre pendant deux jours, est telle que le plus puissant des bunkers serait réduit en miettes s'il devait être atteint: des milliers de fois la bombe atomique d'Hiroshima concentrée dans un seul caillou!

Heureusement pour nous, il passera finalement à près d'un million de kilomètres, plutôt qu'à moins de 200 000 comme le Harvard-Smithsonian Centre d'astrophysique l'avait initialement annoncé. La nouvelle estimation a été obtenue grâce à une photo de ce même astéroïde, qui avait été prise en 1990, permettant ainsi de mieux préciser sa trajectoire.

Ce n'est pas la première fois qu'un astéroïde fait l'objet d'une fausse alerte. Mais au cours de la dernière décennie, les progrès fulgurants de l'astronomie ont fait prendre conscience qu'il existe bel et bien un risque: tôt ou tard, un astéroïde de grande taille – un kilomètre, ou cinq, voire dix – entrera en collision avec la Terre, avec des conséquences catastrophiques.

Pourquoi tôt ou tard? Parce ça s'est déjà produit. Il y a 65 millions d'années, l'impact d'un astéroïde ou d'une comète a été si fort qu'il a envoyé des millions de tonnes de poussière dans l'atmosphère, provoquant un hiver de plusieurs années et une catastrophe écologique majeure, au centre de laquelle se situe l'extinction des dinosaures.

D'autres impacts de moindre importance ont été enregistrés depuis, dont un pas plus tard qu'«avant-hier»: en 1908, en Sibérie. Et dans une édition récente de la revue *Nature*, on apprend qu'un groupe d'astronomes vient de mettre une autre hypothèse sur la table: il y a de cela 214 millions d'années, la Terre aurait connu, non pas la chute d'une météorite, mais une pluie de météorites, comme Jupiter en 1994, lors de sa rencontre avec les «morceaux» de la comète Shoemaker-Levy: cinq impacts pour être exact, là où se trouvent aujourd'hui la France (cratère de Rochecouart), l'Ukraine, le Minnesota et le Québec (cratères de la Manicouagan et de Saint-Martin). Lorsqu'on ramène les continents à la position qu'ils occupaient à cette époque, on s'aperçoit, selon les chercheurs, que ces cinq impacts sont parfaitement bien alignés, ce qui ne peut s'expliquer que par la chute de cinq morceaux d'une même météorite se suivant à la queue leu leu.

Quelle parade avons-nous? Dans l'immédiat, pas grand-chose... parce que si nous connaissons mieux les astéroïdes qui tournent en rond autour du Soleil – entre Mars et Jupiter – en revanche, nous ne connaissons qu'une fraction de ceux qui ont une orbite excentrique les amenant à croiser l'orbite de la Terre (108 astéroïdes recensés jusqu'ici, sur au moins un millier). Or, ce sont justement ces «excentriques» qui risquent de nous rencontrer.

L'astronome britannique Jay Tate dirige un programme appelé Spaceguard dont le but est d'inciter les autorités de son pays et de l'Union européenne à mettre sur pied un programme d'observation destiné à cataloguer tous ces corps célestes «à risque».

« Tout ce que vous avez à faire, explique-t-il au réseau de télévision Discovery, c'est de changer la trajectoire (d'un tel bolide) par guère plus de quelques centimètres par seconde. Parce que la Terre est une très petite cible. »

« Nous avons la technologie ; ce que nous n'avons pas, ce sont toutes les technologies au même endroit au même moment. Nous pouvons construire des vaisseaux interplanétaires, produire des armes nucléaires massives et lancer des charges lourdes, mais nous n'avons pas mis tout cela ensemble. »

Utiliser une charge nucléaire pour détourner de sa course un astéroïde serait-il une bonne idée ? Un autre expert interrogé par Discovery, Jay Melosh, de l'Université de l'Arizona, en doute. Si l'astre n'est pas suffisamment solide, il se désagrégera plutôt que de changer de course. Et on se retrouvera non pas avec un gros caillou, mais avec des milliers de petits, chacun susceptible de faire pas mal de dégâts.

Jay Melosh a une alternative, plus spectaculaire : un réseau d'énormes miroirs, dans l'espace, qui concentrerait les rayons du soleil sur un flanc de l'astéroïde. La chaleur intense ferait fondre la roche et la vapeur ainsi éjectée dans l'espace jouerait le même rôle... qu'un moteur de fusée. Un tout petit moteur, certes, de très faible puissance, mais largement suffisant, au fil des semaines, pour faire dévier l'astéroïde.

En manchettes, 16 mars 1998

Armageddon : la science passée au tordeur

PAR PASCAL LAPOINTE

*L*e moins qu'on puisse dire, c'est que pour un film de science-fiction, *Armageddon* ne fait pas honneur au mot « science ». Là où son prédécesseur de deux mois dans la série des films-catastrophes, *Deep Impact*, avait présenté une collision avec une comète de façon réaliste, *Armageddon* n'a réussi qu'à embarrasser les astronomes, eux qui en ont pourtant vu d'autres au cinéma.

La prémisse de ce film est connue : un astéroïde « grand comme le Texas » vient d'être découvert ; il file en droite ligne vers la Terre ; il la percutera dans 18 jours ; ce sera la fin du monde.

Le problème, c'est qu'un astéroïde « grand comme le Texas », soit plus de 1 300 kilomètres de large, ça n'existe pas. Le plus gros astéroïde connu, Cérès, fait 1 000 kilomètres de côté... et il a été découvert en 1801. On imagine mal un rocher de 1 300 kilomètres qui serait passé inaperçu jusqu'à aujourd'hui, alors qu'on en découvre tous les mois qui font moins d'un kilomètre !

« Ce n'est pas seulement trop gros, s'insurge David Morrisson, du Centre de recherche Ames, affilié à la Nasa, c'est un million de fois trop gros ». David Morrisson pourrait pourtant se réjouir de ce qu'un tel film fasse prendre conscience au grand public de la menace que présentent les astéroïdes, lui qui travaille précisément à cela, notamment par l'intermédiaire d'un site Web consacré aux risques de collision cosmique. Mais il se demande si le film n'aura pas plutôt pour effet de semer la confusion.

Parce que film-catastrophe ou pas, vous n'avez pas besoin d'un astéroïde « grand comme le Texas » pour menacer l'humanité et créer un suspense. L'astéroïde qui a mis fin à la carrière des dinosaures il y a 65 millions d'années, faisait à peine un kilomètre et demi de diamètre. Sauf qu'à l'échelle cosmique et à la vitesse où ça frappe, c'est déjà largement suffisant pour orchestrer une fin du monde.

Mais ça n'arrive pas tous les jours : d'après une analyse statistique publiée par deux astronomes de l'Université de l'Ohio dans l'*Astrophysical Journal Letters*, la probabilité que se produise le type de bouleversement cosmique capable d'entraîner une pluie de météorites comme dans *Armageddon* (« pluie » qui constitue le prélude à l'arrivée du gros astéroïde) est pour ainsi dire nulle, au cours des prochains 500 000 ans.

Mais il y a pire encore dans *Armageddon*. On sait que si un astéroïde se dirigeait vers la Terre, la stratégie la plus sûre, quoique technologiquement pas facile à mettre sur pied, serait de provoquer une gigantesque explosion nucléaire à proximité de l'intrus, dans l'espoir qu'elle le fasse dévier de sa course (voir texte précédent). Or, au lieu de cela, Bruce Willis, dans le rôle d'un foreur, est envoyé là-bas avec son équipe pour enfouir une bombe à 250 mètres sous la surface, afin qu'elle fasse éclater l'astéroïde en deux parties égales, lesquelles passeront de chaque côté de la Terre.

Certes, on peut admettre, écrit la revue *Sky and Telescope*, que pour les besoins du suspense, il soit préférable d'envoyer des astronautes plutôt qu'un missile nucléaire automatique. Mais quelles sont les chances que la bombe de Bruce Willis fasse éclater cet astéroïde et que celui-ci se divise avec une aussi parfaite précision ? Aucune. Même le plus brillant des foreurs n'y parviendra jamais – du moins, certainement pas en plaçant une bombe à seulement 250 mètres de profondeur, sur un rocher de 1 300 km de large !

« *Armageddon* est totalement déphasé quant à la quantité d'énergie requise pour faire sauter un tel astéroïde (grand comme le Texas), s'emporte le spécialiste américain des planètes, Dave

Crawford. Un tel exploit, calcule-t-il pour le quotidien *Florida Today*, nécessiterait une puissance de l'ordre de 20 à 30 trillions de tonnes, soit 1 000 fois la quantité d'énergie disponible... dans l'ensemble de l'arsenal nucléaire mondial!

Et les foreurs n'améliorent certainement pas leurs chances en tentant de sauver l'humanité au moment où l'astéroïde n'est plus qu'à trois jours de la Terre : à l'échelle cosmique, c'est la porte à côté. «Tenter de détruire ou de détourner un astéroïde aussi large, quelques jours seulement avant l'impact, serait futile», déclare un ingénieur à la retraite de la Nasa, Ivan Bekey, qui a pourtant été... conseiller scientifique pour *Armageddon*.

La Presse, 17 août 1998

Tout de même. Il y avait plus intéressant, bien plus inté-
ressant, que ces cailloux baladeurs. N'est-ce pas en 1998
qu'on a découvert, ou plutôt redécouvert, de l'eau sur la
Lune? Et de l'eau autour de Jupiter. Et de l'eau... dans le Soleil.
De l'eau partout!

Et n'est-ce pas aussi en 1998 – suspendons ici, pour
quelques pages, l'astronomie et redescendons vers la très
technologique astronautique – qu'on a fait les premiers pas,
timides, vers ce qui constituera peut-être le système de pro-
pulsion des vaisseaux spatiaux du XXIᵉ siècle?

L'avenir de l'exploration spatiale

𝓘l a fallu à la sonde spatiale *Pathfinder*, en 1996-1997, huit mois
pour atteindre la planète Mars. Mais avec un tout nouveau mode
de propulsion désormais à notre portée, il ne faudrait que quelques semaines.

On appelle ça la propulsion ionique. Les auteurs de science-
fiction en ont rêvé depuis les années 1940. À la fin d'octobre 1998,
la Nasa a lancé un engin, appelé *Deep Space One* (DS1), première
sonde spatiale de l'histoire à fonctionner principalement avec un
moteur ionique.

Il faut savoir que cette innovation n'en est pas tout à fait une,
puisque le Centre de recherche Lewis, de la Nasa, a conçu un
moteur ionique dès 1960. Le tout s'appuie de plus sur un principe connu en physique depuis un siècle, appelé ionisation, par
lequel un atome acquiert une charge électrique lorsqu'il perd un
ou plusieurs électrons. Le truc, pour faire fonctionner un moteur
ionique, consiste donc à provoquer cette ionisation, de façon à

ce que «l'électrification» contribue à éjecter les atomes dans l'espace à une très grande vitesse. Avec chaque atome éjecté, la poussée du vaisseau augmente.

Mine de rien, c'est un virage majeur pour l'astronautique : parce que presque tout ce qui a été conçu jusqu'ici, de la navette spatiale jusqu'aux fusées V-2 des Allemands au cours de la Deuxième Guerre mondiale, avait toujours volé grâce aux mêmes «moteurs chimiques». Et la différence majeure entre le chimique et l'ionique, c'est l'énergie dépensée : un moteur chimique nécessite une très grande quantité de carburant, donc d'immenses réservoirs : qu'on se rappelle, au temps de la conquête lunaire, les gigantesques fusées *Saturne V* nécessaires pour envoyer là-haut trois hommes dans une minuscule capsule spatiale.

Même un satellite de communications, bien qu'il n'ait pas un long trajet à effectuer, doit transporter avec lui beaucoup de carburant pour pouvoir effectuer pendant des années des ajustements à son orbite. «Un moteur ionique représenterait donc une économie considérable, évaluait la revue *Technologie France* : 600 kilogrammes de moins, pour un satellite de 3,5 tonnes, d'où la possibilité d'augmenter la charge utile, c'est-à-dire d'installer à bord des répéteurs, des canaux et des lignes supplémentaires, ou d'accroître la durée de vie du satellite».

Un joujou pour ingénieurs

On n'en est pas encore là. Bien que la technologie existe depuis 1960, elle n'avait encore jamais été utilisée, pour une raison qui rappelle la saucisse Hygrade : elle n'était pas jugée fiable parce qu'elle n'avait pas été assez testée, mais elle n'était pas testée parce qu'elle n'était pas jugée fiable. Tant que les vaisseaux de la Nasa restaient extrêmement coûteux, personne n'avait envie de prendre un tel risque. Avec la nouvelle philosophie de l'Agence spatiale américaine – faire plus avec moins – tout change : un échec pèse en effet moins lourd pour une machine de 140 millions de dollars (comme *Deep Space* 1 et 2, cette dernière devant être envoyée en 1999) que pour une qui vaut un milliard (comme *Cassini*, lancée l'an dernier vers Saturne). «Cette mission prendra des risques afin que les missions futures n'aient pas à en prendre», explique sur toutes les tribunes le directeur de la mission, Marc D. Rayman.

Conséquence: bien qu'elle ait «officiellement» pour mission d'aller photographier un astéroïde en juillet 1999, *DS1* est, en réalité, une expérience technique. Elle sert à tester les nouveaux joujoux qui équiperont peut-être les futurs vaisseaux spatiaux: le moteur ionique, un appareil de télécommunications deux fois moins lourd et trois fois moins coûteux, un équipement électronique «ultra-miniaturisé» et surtout, un système informatique capable de guider la sonde, sans aide de la Terre. «C'est comme si votre auto pouvait trouver elle-même son chemin, de Washington à Los Angeles», raconte Marc Rayman.

L'écueil de l'ionique

Même si, de l'avis de ses concepteurs, la propulsion ionique est 10 fois plus efficace que la propulsion chimique, elle n'en a pas moins un défaut: elle n'est pas forte sur l'accélérateur. La vitesse augmente certes avec chaque ion éjecté, mais cette progression exige de la patience: deux jours et demi pour atteindre 100 kilomètres/heure!

En revanche, plus le voyage dure longtemps, plus on sent la différence. Au bout d'un an – à condition que l'engin ait à bord suffisamment de «carburant», c'est-à-dire le gaz qu'elle peut ioniser – sa vitesse serait de 3 500 mètres à la seconde.

En imaginant les choses au mieux – progrès technologiques, générateur nucléaire à bord et voyage de très longue durée – ce ne serait donc plus par dix, mais par 100 qu'on pourrait multiplier le gain d'efficacité par rapport à un moteur chimique. Ce qui permettrait d'atteindre jusqu'à 1% de la vitesse de la lumière. Ça ne met pas tout à fait les étoiles à notre portée – à cette vitesse, il faudrait tout de même 400 ans pour atteindre l'étoile la plus proche! – mais ça les met soudain beaucoup moins loin – puisqu'il faudrait actuellement 10 000 ans!

Hebdo-Science, 3 novembre 1998

Histoire d'eau

PAR PASCAL LAPOINTE

Ainsi donc, Tintin avait raison : il y a de la glace sur la Lune. Et non contente de nous annoncer cela, la Nasa avait une autre nouvelle, au cours de cette même semaine du mois de mars 1998 : il y a fort probablement de l'eau sur une autre lune, appelée Europe, qui tourne autour de Jupiter. Mais comment toute cette eau a-t-elle pu se ramasser dans des endroits aussi exotiques ?

Ça ne s'arrête pas là : au cours des dernières années, on a détecté de la vapeur d'eau au milieu d'un tas de composés chimiques moins sympathiques dans les nuages de Jupiter, de la glace sur deux autres lunes de Jupiter, dans les anneaux de Saturne, sur des lunes de Saturne, et sur des lunes d'Uranus. S'ajoutent à cela les comètes, en bonne partie composées de glace. Et enfin, Mars, sur laquelle de l'eau, jadis, a apparemment coulé à torrents.

Plus spectaculaire encore : on a confirmé en 1997 la présence de vapeur d'eau dans notre Soleil ! On en a détecté en janvier 1998 dans deux étoiles proches. Et les astronomes ont détecté des molécules d'eau voguant au sein de nuages interstellaires, au plus profond du cosmos.

Bref, il y a de l'eau aux quatre coins de l'Univers. Certes, lorsque cette eau n'est pas de la vapeur d'eau, elle est en fait de la glace – à moins 200 °C, le contraire eût été étonnant ! Mais c'est tout de même de la bonne vieille eau, comme la nôtre : H_2O, soit, si vous vous souvenez de vos cours de chimie, deux atomes d'hydrogène liés avec un atome d'oxygène.

Il ne faut donc pas s'étonner d'en avoir trouvé sur la Lune, explique Gilles Beaudet, astrophysicien à l'Université de Montréal. « C'est le fait de ne pas en trouver qui serait étonnant. »

Mais pourquoi l'eau ? Qu'a donc ce « composé chimique » d'aussi spécial pour se retrouver partout ?

Et si l'eau est partout... Cela augmente-t-il les chances de mettre enfin le doigt sur une forme de vie extraterrestre ?

Il faut d'abord se rappeler que l'un des deux composants de l'eau, l'hydrogène, est l'élément le plus commun de l'Univers. On estime que l'hydrogène représente, à lui seul, 90 % des éléments chimiques présents dans l'Univers. La centaine d'autres éléments, de l'hélium à l'uranium en passant par le mercure ou le fer, se partagent les 10 % qui restent.

Ce n'est pas tout : l'hydrogène a la particularité de créer facilement des liens avec les autres atomes. Cela donne, outre l'eau, des molécules dont les astronomes trouvent des traces, là aussi, aux quatre coins du cosmos : ammoniac (hydrogène et azote), méthane et hydrocarbures (hydrogène et carbone). Les chimistes ont même un nom pour ce lien : le « pont-hydrogène ».

L'oxygène est lui aussi très « sociable » : il s'associe, par exemple, avec les métaux (fer, aluminium, magnésium...) : cela donne les oxydes. Il se lie d'amitié avec l'hydrogène. Et dans ce dernier cas, le résultat, on le connaît : c'est l'eau.

Donnez à ces molécules d'eau, ou plutôt de glace, quelques milliards d'années et vous les retrouvez agglutinées à des grains de poussière se baladant dans le cosmos. Rassemblez ces grains dans un immense nuage de gaz et de poussières et vous verrez celui-ci se contracter sous l'effet de la gravité et donner naissance aux planètes et à leurs lunes – chacune avec sa cargaison de glace.

Et la vie ?

Ceci dit, cette belle description n'explique pas tout. Il subsiste des pans obscurs. Le cas d'Europe, cette lune de Jupiter, en est un. Là-bas, on ne trouve pas, comme sur notre Lune, des poches de glace éparpillées aux pôles, mais une couche de glace de plusieurs kilomètres d'épaisseur !

D'où vient-elle? Pourquoi n'en retrouve-t-on pas ailleurs en aussi grande quantité? «Il reste beaucoup de choses pour lesquelles on n'a pas de réponses», reconnaît Gilles Beaudet.

Cette couche de glace dissimule-t-elle vraiment une «couche» d'eau, comme le suggèrent les photos prises par la sonde *Galileo* depuis 1996? C'est en tous cas ce qu'espère la Nasa, qui prépare d'ores et déjà une sonde qui pourrait aller y jeter un coup d'œil... si on lui accorde les budgets nécessaires.

Car si on veut trouver de la vie, c'est de l'eau dont on a besoin, de l'eau à l'état liquide et non de la glace. La glace constitue «un milieu beaucoup trop inhospitalier», de dire le professeur Doyle Hall, de l'Université John Hopkins, à Baltimore, qui a passé une partie de sa vie l'œil braqué sur les lunes de Jupiter. En revanche, dans un milieu liquide, les «briques» à l'origine de la vie – acides aminés, protéines, sucres, etc. – peuvent se déplacer à leur guise. «Les occasions de rencontres sont multipliées», pour reprendre une expression chère à l'astrophysicien Hubert Reeves.

De la glace jusqu'à l'eau, n'y a-t-il qu'un pas à franchir? Pas tout à fait. Les glaces de la Lune ne se sont jamais transformées en eau et ne le feront jamais: trop froid, pas d'atmosphère.

En revanche, le simple fait de prendre conscience que notre H_2O est, somme toute, un «matériau» fort banal, ouvre bien des possibilités: dans l'immensité de l'univers, il serait étonnant que ce «matériau» ne se soit pas trouvé ici et là une gentille petite planète, ni trop chaude ni trop froide. Juste assez pour donner naissance à de la pluie, à des rivières et à des océans...

La Presse, 15 mars 1998

La chasse à E.T.

*De l'eau jusqu'à notre ami E.T., il n'y a qu'un pas... qu'il
ne faudrait pas franchir trop vite. Après tout, on ne l'a pas
encore trouvé, E.T. Mais qu'est-ce qu'on y travaille!*

Chicanes martiennes

*A*lors. Y avait-il ou n'y avait-il pas de vie dans ce caillou martien
tombé du ciel il y a 12 000 ans et ramassé au pôle Sud?

Plusieurs experts, depuis août 1996, ont fait part de leur scepticisme, voire de leur opposition à cette conclusion. Un groupe de
Britanniques avait avancé, à la fin de 1996, le facteur température:
la météorite, au moment de la collision cosmique qui l'avait arra-
chée à la planète Mars, aurait été soumise à une chaleur si intense
que toute forme de vie, si vie il y eut, aurait été vaporisée. Quelques
mois plus tard, un groupe de partisans de «l'hypothèse vie» démo-
lissait cet argument, démontrant, données minérales à l'appui, que
la météorite n'avait jamais été soumise à des températures dépas-
sant les 300 °C, «ce qui est chaud, mais pas assez pour détruire
toute trace de vie».

Cette fois-ci cependant, l'attaque est plus solide. Dans un
article publié dans l'édition du 4 décembre 1997 de la revue britannique *Nature*, trois chercheurs affirment que ces «fossiles» (ou
«nano-fossiles», compte tenu de leur taille microscopique!) sont
en fait des... illusions d'optique.

Plus précisément, ils seraient les «résidus» normaux d'une
observation au microscope électronique: «Des éléments prove-

nant des enveloppes en métal appliquées sur l'échantillon pour être visibles par le microscope électronique», lit-on. Lorsqu'on les regarde sous un autre angle, ces «fossiles» apparaissent clairement – façon de parler – comme des parties intégrantes de la surface de la roche.

Inutile de dire que les auteurs de l'article original ne sont pas d'accord et qu'ils l'ont fait savoir dans une réplique publiée dans la même édition de *Nature*.

Mais le débat a à nouveau fait le tour du monde. Il faut se rappeler que déjà, en août 1996, en dépit de l'enthousiasme généré par une Nasa qui avait bien besoin de cette publicité, les auteurs de la découverte avaient pris plusieurs épaisseurs de gants blancs pour présenter le tout à la presse. Rien ne permettait d'affirmer, avaient-ils dit et répété, que ces minuscules formes ressemblant à des vers blancs, mais mille fois moins larges qu'un cheveu, étaient des résidus d'une forme de vie. Seule l'abondance des faits, insistaient-ils, contribuait à faire pencher la balance du côté de cette hypothèse.

Manque de pot pour les opposants à l'hypothèse vie, leur article de décembre 1997 est tombé en même temps que paraissaient dans la presse scientifique spécialisée les premières synthèses fouillées des découvertes amassées par la sonde *Pathfinder* pendant l'été 1997. Des synthèses – dont plusieurs ont été rassemblées dans un numéro spécial de la revue *Science* – parmi lesquelles plusieurs donnent du poids à la possibilité d'une vie passée sur Mars.

On revient notamment sur un fait admis depuis des années : Mars fut jadis une planète plus chaude qu'aujourd'hui, plus humide, donc davantage semblable à la Terre. «L'ensemble des données renvoyées par *Pathfinder* suggère fortement que les conditions ont été propices à l'émergence de vie tôt dans l'histoire martienne», a déclaré Matt P. Golombek, scientifique attaché à la mission Pathfinder et auteur principal d'un des rapports publiés dans *Science*. Est pointée du doigt, cette vallée où a «amarsi»

Pathfinder, qui présente toutes les caractéristiques d'une vallée sculptée par des torrents d'eau.

La recherche de vie sur Mars, c'est en fait une quête de nos origines, écrivaient plusieurs dès l'été 1997. «Nous sommes captivés par les nouvelles de Mars parce que nous espérons en apprendre davantage sur nous-mêmes.»

En manchettes, 15 décembre 1997

Le visage de la crédulité

Or donc, la sonde *Mars Global Surveyor* a confirmé, avec une seule et cruelle photo, que le «mystérieux visage de Mars» n'était qu'une banale formation géologique. Pire encore : ça ne ressemble même pas à un visage !

L'affaire avait débuté avec une photo – une seule – prise en 1976 par la sonde américaine *Viking*, alors en orbite martienne : à l'agrandissement apparaissait une formation à demi-obscure qui ressemblait étrangement à un visage humain – ou plutôt à un demi-visage. Il n'en fallait pas plus à des milliers d'amateurs pour y voir «la» preuve du passage d'une civilisation extraterrestre.

À ce titre, un survol de ce qui s'est écrit, depuis la publication de la photo Surveyor, sur les forums de discussion d'Internet, constitue une fascinante plongée dans l'esprit humain. La théorie du complot a toujours la cote. Pour un de ses plus ardents défenseurs, Richard Hoadgland, «l'image semble avoir été délibérément surexposée (de sorte) que vous ne pouvez pas analyser ce qui s'y trouve».

Dès 1985, le *Skeptical Inquirer* publiait une étude détaillée sur cet insatiable appétit pour ces images somme toutes banales. Saviez-vous qu'il fut un temps où les amateurs d'OVNI étaient convaincus que des astronomes avaient observé, dans le plus grand secret, des édifices sur la Lune ? Curieusement, ces histoires sont disparues le jour où les astronautes ont renvoyé les premières images en direct de notre astre mort...

Memento, 10 avril 1998

Cette fois-ci, c'est la bonne, qu'ils disent. Après des années d'attente, on aurait enfin, pour la toute première fois, pris en photo une planète tournant autour d'une autre étoile que notre Soleil.

L'autre monde

Ceci n'a rien à voir avec la découverte d'une planète semblable à la Terre, ont bien pris soin de préciser les astronomes. Mais que ceux qui s'imagineraient que cette précision diminue l'importance de leur découverte, se détrompent : c'est peut-être l'observation astronomique la plus importante depuis des décennies.

Et pourtant, la photo n'a l'air de rien. Une étoile en haut, un mince filament qui part vers le bas et, tout au bout, presque invisible, un minuscule point blanc. Eh bien, ce minuscule point blanc au bas de la photo réalisée par le télescope spatial *Hubble*, c'est, si l'équipe dirigée par l'astronome américaine Susan Terebey ne s'est pas trompée, une planète. Une planète ayant deux à trois fois la taille de Jupiter et qui tourne autour de l'étoile qui se trouve en haut de la photo. Une étoile double appelée TMR-1, située à 450 années-lumière. Une «jeune» étoile double : moins d'un million d'années. Et s'il s'agit bel et bien d'une planète (il subsiste là-dessus une incertitude), alors celle-ci passera à l'histoire comme la toute première jamais photographiée en-dehors de notre système solaire.

Un mot d'explication ici, à ceux pour qui l'astronomie fait partie des Grands mystères de l'existence. La Terre, de même que huit autres planètes (Vénus, Mars, Jupiter, etc.) tournent autour d'une étoile : le Soleil. Et depuis qu'un certain Galilée a établi cela, il y a près de 400 ans, des tas de savants et d'artistes ont spéculé : pourquoi chaque étoile n'aurait-elle pas, elle aussi, des planètes qui lui tournent autour ? D'autres Jupiter, d'autres Vénus... et d'autres Terre ?

Le problème, c'était évidemment de les observer ces « planètes extrasolaires ». Parce qu'une planète, c'est des milliers de fois plus petit qu'une étoile et, en plus, ça ne brille pas. Tenter d'en observer une, c'est comme observer une chandelle en fixant un projecteur de 100 millions de watts !

Mais la technologie faisant des pas de géants, on devint capable, au cours des années 1980, de détecter les oscillations de plus en plus infimes d'une étoile. Or, on devinait qu'une planète tournant autour d'une étoile ne pourrait faire autrement que de provoquer chez cette dernière des oscillations dans un sens, puis dans l'autre. C'est ainsi qu'en 1995, la nouvelle que tout le monde attendait tomba : deux astronomes suisses avaient détecté de telles oscillations. Depuis, on en a découvert une dizaine autour d'autant d'étoiles. L'étape suivante, c'était d'arriver à tirer le portrait de l'une d'elles.

« Extraordinaire », « historique »

La nouvelle s'est méritée la une de la plupart des grands journaux américains, le vendredi 29 mai 1998. La Nasa n'a pas manqué de profiter de l'occasion pour faire son autopromotion : la conférence de presse a été diffusée en direct sur Internet.

« Cette image est non seulement extraordinaire, mais d'une importance historique », a déclaré aux journalistes Alan P. Boss, de l'Institut Carnegie, à Washington.

Et le plus paradoxal, quand on sait que des chercheurs ont passé leur vie à traquer en vain ces planètes extrasolaires, c'est que cette photo a été obtenue par hasard. L'équipe étudiait une région, dans la constellation du Taureau, où de nombreuses étoiles sont en train de naître. C'est à l'analyse d'un des clichés qu'ils ont remarqué ce «point», nommé TMR-1C, relié à son étoile double par un long filament de gaz.

Très long filament: on estime que la planète tourne à 200 milliards de kilomètres de l'étoile, soit plus de 20 fois la distance entre le Soleil et Pluton, la planète la plus éloignée de notre système solaire. Elle se serait retrouvée là après avoir été «éjectée» par la force de gravité combinée du couple d'étoiles. Mais cette distance exceptionnelle – une autre première – est en même temps un coup de chance: plus près, la planète aurait été rendue invisible par la luminosité de son étoile.

L'incertitude qui subsiste est une question d'âge: puisqu'on sait que cette étoile double a tout au plus un million d'années, alors cette planète ne peut avoir plus de quelques centaines de milliers d'années, ce qui n'est vraiment pas grand-chose. En revanche, s'il ne s'agit pas d'une planète, mais d'une naine brune – une «étoile qui ne s'est pas allumée» – alors elle pourrait avoir quelques millions d'années, et ne pas avoir été formée en même temps que son étoile. Il faudra des années avant d'en avoir la certitude.

Toutefois, s'il devait s'avérer qu'une planète puisse bel et bien exister là, autour d'une étoile double, cela signifierait que les planètes pourraient être encore plus répandues qu'on ne le soupçonne. Et même en sachant fort bien qu'une planète comme cette TMR-1C ne peut pas abriter de vie – avec cette taille, il ne peut s'agir, comme Jupiter, que d'une boule de gaz – sa présence signifie que la formation de systèmes solaires accompagne peut-être inévitablement la formation des étoiles.

TMR-1C ne serait donc que le premier pas vers... Qui sait?

En manchettes, 1er juin 1998

Il était inévitable, avec cette profusion de découvertes, que quelques petits futés réussissent à réunir des fonds pour organiser des colloques, lancer de nouvelles recherches et même, créer de toutes pièces une nouvelle discipline : bienvenue dans le programme d'astrobiologie.

Comment chercher un extraterrestre

𝓘l fut un temps où chercher des extraterrestres était facile. Vous pointiez votre télescope vers Mars, vous découvriez quelques lignes floues et vous en concluiez qu'il s'agissait de rivières artificielles. Aujourd'hui, c'est un peu plus difficile.

Fox Mulder, l'agent du FBI de la série télévisée *The X-Files* qui croit dur comme fer aux soucoupes volantes, aurait été aux anges s'il s'était trouvé, en fin de juillet, à Mountain View, Californie. Pendant trois jours, quelque 200 personnes, scientifiques, ingénieurs et même quelques auteurs de science-fiction, s'y sont rassemblés pour un congrès sur la recherche de vie extraterrestre. Un congrès destiné à mettre au point un «plan d'action» en vue d'obtenir, d'ici l'an 2020, «la» preuve qu'il existe de la vie ailleurs.

La discussion sur E.T., constate le journaliste de l'Associated Press qui a couvert ce congrès, a en effet évolué depuis 20 ans. Il n'est désormais plus question, dans les cercles scientifiques, de se demander s'il y a de la vie ailleurs, mais de déterminer où et comment chercher : sur Mars, autour de Jupiter, dans les météorites, en Antarctique ou en écoutant les étoiles ?

Et le simple fait de « réunir le gars qui tient le télescope avec le gars qui tient le microscope » augmente les chances, écrit le journaliste de la chaîne Knight-Ridder. On a même trouvé un nouveau nom pour désigner ces efforts communs : l'astrobiologie. Un mélange d'astronomie et de biologie, bien sûr, mais aussi de géologie, de chimie et de physique.

Aucune décision n'engageant les autorités n'a été prise lors de ces ateliers – personne n'en attendait – mais la Nasa n'a pu s'empêcher de profiter de l'occasion pour faire son autopromotion, en annonçant la création du tout premier cours, eh oui, d'astrobiologie. La Nasa, encore et toujours elle, avait déjà créé, l'an dernier, l'Institut d'astrobiologie, dont les bureaux sont situés... sur Internet.

Les résultats du congrès devraient être publiés au cours de l'automne. Parmi les questions auxquelles auront été confrontés les participants : comment se forment les mondes habitables et comment évoluent-ils ? Comment émergent les systèmes vivants ? Comment reconnaître une biosphère différente de la nôtre ? Des questions déjà pas faciles, mais de la petite bière à côté de celle-ci : c'est quoi, exactement, la vie ?

Memento, 24 juillet 1998

À l'échelle de l'Univers

Mais il n'y a pas que la vie qui soit intéressante dans le cosmos. En fait, elle est même insignifiante lorsqu'on la compare à certains phénomènes cosmiques. Avez-vous déjà songé, par exemple, à la puissance que représente une simple, une banale supernova?

Comme des milliards de bombes atomiques

*L*e spectacle dure depuis onze ans et, pourtant, il ne fait que commencer. Il pourrait se poursuivre encore pendant des décennies – et le meilleur est à venir.

Une supernova, c'est un des spectacles les plus prodigieux qui soient: il s'agit d'une étoile qui, arrivée au terme de son existence, explose avec une puissance équivalente à des milliards de bombes atomiques. Même à une distance inimaginable, cette explosion peut être visible à l'œil nu sur la Terre pendant plusieurs jours.

Le 23 février 1987, un jeune astronome canadien, Ian Shelton, détectait une supernova, la plus brillante en près de 400 ans. Aujourd'hui, onze ans plus tard, l'onde de choc qu'elle a produit fait sentir ses effets: le télescope spatial *Hubble* vient de détecter deux points de lumière dans l'anneau de gaz qui entoure l'étoile désormais morte. Ces points de lumière, ce sont les premiers impacts entre cet anneau de gaz et des morceaux de matière éjectée par l'étoile lors de son explosion.

Tout cela correspond étape par étape à ce que les experts avaient décrit depuis longtemps comme devant être le processus suivant l'explosion d'une étoile. Mais c'est la première fois qu'on peut en faire une observation.

« Nous attendions cela depuis 11 ans, a déclaré au réseau ABC Robert Kirshner, du Centre d'astrophysique Harvard-Smithsonian, à Cambridge. À présent, avec la vision aiguisée d'*Hubble*, nous commençons à le voir. »

Car ça ne fait que commencer : au cours des 10 prochaines années, ces deux petits points de lumière devraient être remplacés par des centaines de petits points de lumière, à mesure que l'ensemble de l'anneau de gaz s'illuminera sous les impacts – la matière éjectée de l'étoile file actuellement à la rencontre de cet anneau, à environ 16 000 kilomètres à la seconde.

Cet anneau de gaz, qui fait environ une année-lumière de large, est lui aussi le résultat de la mort de l'étoile : dans les millénaires précédant son explosion finale, elle a connu une « première phase » d'éjection de matière, laquelle, en s'éloignant dans toutes les directions, forme aujourd'hui cet anneau.

Autre élément d'intérêt pour les lointains humains : ces matières éjectées – avant et après l'explosion – sont constituées en bonne partie d'éléments chimiques complexes, éléments qui, dans des milliards d'années, constitueront la semence de nouvelles étoiles, de nouvelles planètes et, peut-être, de nouvelles formes de vie.

L'étoile qui porte aujourd'hui le nom peu poétique de SN 1987A, était environ 20 fois plus massive que notre Soleil. Elle est située à 167 000 années-lumière de nous – dans une petite galaxie satellite de la Voie lactée, appelée le Grand Nuage de Magellan. Cela signifie que les événements que nous observons aujourd'hui se sont produits il y a 167 000 ans.

Si vous voulez en apprendre davantage sur cet anneau de gaz et sur son avenir, vous avez tout votre temps : il sera là jusqu'à la fin de vos jours.

En manchettes, 16 février 1998

Plus fortes qu'une supernova, quoique infiniment plus petites : des particules qui portent en elles rien de moins que le destin de l'Univers.

La clef de l'Univers

La grande nouvelle de l'été, c'est la découverte d'une particule invisible, inoffensive, inutile et qui ne pèse rien.

Ou plutôt, presque rien. Car les neutrinos, a-t-on appris, ont bel et bien une masse. Cette particule dont l'existence avait fait l'objet d'hypothèses dans les années 1930, qui avait été pour la première fois détectée en 1956, qui peut traverser la Terre d'un bord à l'autre sans que quiconque ne la remarque, cette particule dont il existe 50 milliards d'exemplaires pour chaque électron (!), a nécessité 120 chercheurs appartenant à 23 institutions au Japon et aux États-Unis, et un laboratoire, le Super-Kamiokande, installé dans une mine japonaise à 2 000 mètres sous la montagne, juste pour en arriver à cette conclusion banale, ridiculeusement banale : oui, un neutrino pèse quelque chose. Il n'est pas comme un rayon de lumière. Il a une masse : à peu près le poids d'un dix-millionnième d'un électron.

« Ça n'a pas l'air de grand-chose », admet candidement le *Washington Post*, en consacrant pourtant sa une à cette annonce. Car ce « pas grand-chose » permet de faire un pas de géant vers la solution d'un des mystères de la Création : peut-être que l'Univers n'est pas éternel. Peut-être que, si on additionne les masses de tous ces neutrinos, et ça fait beaucoup, on arrive à un total en vertu duquel l'Univers atteindra un jour une dimension maximale, avant de se contracter sur lui-même, à cause de sa trop grande masse. Et ça sera la faute aux neutrinos.

«En effet, la masse globale des neutrinos pourrait facilement être comparable à celle de toutes les étoiles et galaxies», évalue – au pif – le physicien Joel R. Primack, de l'Université de Californie.

C'est quoi, ce truc?

Plus spécifiquement, c'est quoi, un neutrino? Voilà une question pas facile, et les nombreux articles parus depuis l'annonce du 5 juin 1998, dans le cadre d'un congrès international sur les neutrinos tenu au Japon, n'apportent pas de réponse satisfaisante. «Les neutrinos sont parmi les particules les plus étranges de l'Univers», commence un reportage de la BBC, ce qui est bien joli, mais ne nous avance pas beaucoup.

On sait que beaucoup de neutrinos proviennent du Soleil. En fait, ils proviennent de là où se produit de la fusion nucléaire: le cœur d'une étoile... ou d'un réacteur nucléaire. Des milliards passent au travers de votre corps alors même que vous lisez cet article. Ils n'interagissent pas, ou si peu, avec la matière. Un neutrino pourrait en théorie parcourir des millions de kilomètres à l'intérieur d'une surface solide avant d'être arrêté. Mais parfois, il s'arrête: c'est pourquoi le laboratoire japonais – tout comme le laboratoire canadien, à Sudbury, dont l'inauguration a eu lieu quelques semaines plus tôt – est allé s'enfermer à 2 000 mètres de profondeur, avec une piscine contenant 50 000 tonnes d'eau lourde. Parmi les milliards de neutrinos qui sont passés au travers, il s'en est trouvé quelques-uns – quatre ou cinq par jour – qui sont entrés en collision avec le «filet», produisant un flash de lumière détectable par les 11 000 instruments. Et au bout de deux ans de ce travail, on en est arrivé aux résultats annoncés le 5 juin.

Pour que cette découverte soit acceptée comme un fait scientifique, il lui faudra toutefois être confirmée par un autre laboratoire, et c'est justement là que pourrait intervenir l'Observatoire des neutrinos de Sudbury.

Et comment sait-on que cette particule a une masse? De toute évidence, on ne l'a pas placée sur une balance. On sait qu'elle a une masse parce qu'on sait maintenant qu'elle oscille. Le terme oscillation étant ici un terme de physicien quantique, qui signifie que le neutrino change d'état d'un moment à l'autre, à mesure qu'il voyage à travers l'espace ou la matière. Et ce changement d'état ne peut s'expliquer que s'il a une masse – en fait, sa masse elle-même change à mesure qu'il change d'état.

Si, arrivé à ce stade, vous êtes perdu, ne vous en faites pas : vous venez d'entrer dans le mystérieux monde des particules subatomiques, où les règles de votre univers n'ont plus cours. Mais c'est justement ce monde subatomique qui détient les clefs pour comprendre les origines – et, peut-être, l'avenir – de votre monde.

En manchettes, 8 juin 1998

Mais il y a plus puissant encore qu'une supernova : connaissez-vous les rayons gamma ? La seule chose qu'on peut vous souhaiter, c'est de ne jamais en croiser sur le coin d'une galaxie.

Le phare cosmique

*L*es amateurs d'astronomie se sont extasiés devant lui et les autres ont vu à son sujet une image fugitive au bulletin de nouvelles. Et pourtant, en l'espace de deux petites secondes, ce machin a émis autant d'énergie que toutes les étoiles de l'Univers réunies. Pas mal plus que tout ce que vous verrez dans tous les bulletins de nouvelles, jusqu'à la fin de vos jours. Un méga-flash. Un giga-méga-flash.

En fait, c'est tellement gros que notre vocabulaire se trouve singulièrement démuni. À 12 milliards d'années-lumière de notre petit chez nous, dans une galaxie très lointaine, s'est produite une explosion gigantesque, « aussi lumineuse que l'univers entier », selon les termes des astronomes qui en ont fait l'annonce mercredi le 6 mai 1998 et qui signent un article dans *Nature*.

Concrètement, il s'agit d'une explosion de rayons gamma, mais c'est à peu près tout ce qu'on en sait : on détecte ce type de méga-explosions par intermittences depuis les années 1960 – depuis qu'existent des instruments capables de les détecter – en provenance d'un coin ou l'autre du cosmos, et leur brièveté – quelques secondes – les rend très difficiles à étudier.

Aussi, on ignore toujours ce qui les cause et d'où leur provient cette gigantesque énergie. L'an dernier, un satellite italien, *BeppoSax*, avait, pour la première fois, réussi à détecter une telle explosion «en direct», fournissant ainsi les premières données tangibles sur ces phénomènes dont la puissance défie l'entendement. C'est encore *BeppoSax* qui, dans la nuit du 14 décembre 1997, fut le premier à détecter l'explosion qui nous intéresse ici.

Un rayon gamma est invisible : il ne peut être analysé que par des engins évoluant dans l'espace, comme ce *BeppoSax*, là où l'atmosphère terrestre ne fait pas écran. Par contre, le fait d'avoir un satellite là-haut a permis cette fois de réagir rapidement : dans la nuit du 14 décembre, l'équipe au sol lança rapidement l'alerte, de sorte que les astronomes de l'observatoire Kitt Peak, en Arizona, purent prendre une photo des premières retombées de l'explosion. Le télescope spatial *Hubble*, quelques heures plus tard, allait à son tour obtenir un cliché. Ce sont ces deux photos qui permirent d'établir la distance à laquelle s'était produite cette titanesque explosion.

Titanesque, gigantesque, les mots sont trop faibles. Qu'on en juge : cela s'est produit à 12 milliards d'années-lumière, donc il y a 12 milliards d'années. Que l'on ait été capable de la détecter donne un aperçu de sa force. Elle dépasse en puissance toutes les autres explosions de rayons gamma, au point où les experts la décrivent comme un «mini-big bang». «La plupart de nos modèles théoriques ne peuvent pas expliquer pareille quantité d'énergie.»

Vous voulez une base de comparaison ? On parle de l'équivalent de cinq milliards d'étoiles qui exploseraient en même temps. Ou, si vous préférez, de 100 fois l'énergie que dépensera notre Soleil... pendant 10 milliards d'années. Et cela, pour une explosion qui n'a duré que deux secondes !

Ça fait combien, en mégawatts ?

En manchettes, 11 mai 1998

Et puisqu'on en est à parler d'objets qui émettent l'équivalent de toutes les étoiles de l'Univers, pourquoi s'arrêter en si bon chemin? Pourquoi ne pas s'attaquer au gros morceau, à savoir, l'Univers lui-même?

La fourmi et la supernova

Imaginez un gâteau aux raisins. Et maintenant, imaginez une fourmi qui, après la longue ascension de la table de la cuisine, découvre ce gâteau aux raisins. Il dégage un tel arôme que ses antennes en frétillent. La fourmi, sans plus attendre, grimpe sur l'assiette. Puis sur le gâteau. Et la voici sur l'un des raisins séchés, à lui seul dix fois plus gros qu'elle. Magnifique.

Mais que se passe-t-il? La chaleur n'est-elle pas en train d'augmenter? La pauvre fourmi l'ignore, mais le gâteau vient d'être mis au four. Encore quelques degrés et elle sera carbonisée. Rapidement, elle ouvre son panier à pique-nique et en sort la cargaison de glace – on n'est jamais trop prudent. Elle s'infiltre dans un des orifices du raisin, met de la glace partout où elle peut, et attend.

Comme elle peut examiner les environs, elle constate rapidement un phénomène curieux: tous les autres raisins semblent s'éloigner d'elle. La fourmi, n'étant pas plus bête qu'une autre fourmi, sait qu'un raisin, ça ne marche pas tout seul. De plus, son raisin à elle, n'a pas vu des jambes lui pousser.

La fourmi forge alors une théorie: l'Univers, pardon, le gâteau, est en train de prendre de l'expansion. Peut-être, se dit-elle, est-ce là le résultat d'une impulsion initiale, un gros coup – appelons ça un big bang – de chaleur. Puisque l'ensemble du gâteau grossit, cela signifie que les raisins ne s'éloignent pas vraiment du raisin de la fourmi : ils s'éloignent tous les uns des autres. Mais combien de temps cette expansion durera-t-elle ? En théorie, tant qu'il y aura de la matière pour le lui permettre.

La question suivante, à laquelle la fourmi n'a aucun moyen de répondre, c'est : de combien de matière dispose l'Univers – ou le gâteau. Une fois atteint un point d'expansion maximal, la force de la gravité fera-t-elle en sorte que tout reconvergera vers son point de départ ? La fourmi ne peut répondre à cette question parce qu'elle est incapable de mesurer toute la matière contenue dans le gâteau : une partie lui est cachée.

Nous sommes dans la même situation : une partie de la masse totale de l'Univers nous est cachée : on l'appelle la matière sombre. Ou bien cette matière forme une portion très importante de la matière totale de l'Univers, la plus importante – auquel cas l'expansion finira un jour, la gravité ramenant tout le monde vers son point de départ ; ou bien cette matière sombre en forme une partie minime, insuffisante pour empêcher l'expansion de ne jamais prendre fin.

Fin de février, une équipe internationale de 15 astronomes a fait une découverte qui non seulement favorise la deuxième hypothèse – l'expansion infinie – mais qui lui ajoute un fait extrêmement troublant : l'expansion semble s'accélérer. Si notre modèle de l'Univers est juste, elle devrait au contraire ralentir – comme le gâteau qui approche de son expansion maximale. Même à supposer que le gâteau puisse poursuivre son expansion indéfiniment, la vitesse de cette expansion ralentira tout de même : elle ralentira très lentement certes, infiniment lentement. Mais un ralentissement se fera tout de même sentir.

Peut-on en revanche imaginer que l'expansion n'accélère ? Impossible dans un univers gouverné par la gravité. À moins qu'une autre force, encore inconnue, ne soit à l'œuvre. Une force « antigravité », en quelque sorte.

Utilisant le télescope spatial *Hubble* et des télescopes à Hawaii, en Australie et au Chili, 15 astronomes ont mesuré avec une précision inégalée jusqu'ici les restes de 14 supernova à des distances variant entre 7 et 10 milliards d'années-lumière. Puis, ils ont mesuré la vitesse à laquelle ces étoiles s'éloignent de nous. Résultat : elles sont de 10 à 15 % plus loin qu'elles ne devraient l'être.

Pour Rocky Kolb, de l'Université de Chicago, qui cosigne un article dans la revue *Science*, cette découverte est si stupéfiante « que tout le monde devrait réserver son jugement » en attendant d'avoir d'autres preuves.

La physique considère depuis longtemps que l'Univers est gouverné par quatre forces : la force nucléaire forte, qui maintient les noyaux des atomes ensemble, la force nucléaire faible, la force électromagnétique et la gravité. Si cette découverte se confirme, cela signifierait donc qu'on a découvert une cinquième force universelle. Devra-t-on l'appeler la force répulsive, celle qui repousse les objets ?

Une telle découverte aurait des répercussions aussi bien en astronomie qu'en physique des particules.

Chose certaine, si l'Univers est voué à grossir indéfiniment, et à une vitesse accélérée, viendra un jour, dans quelques milliards d'années, où nos descendants se sentiront bien seuls : les étoiles se seront à ce point distancées que le ciel nocturne sera d'un noir d'encre.

« Ça semble un peu cinglé », déclare au *Washington Post* Robert Kirshner, du Centre d'astrophysique Harvard-Smithsonian, et membre des 15. Mais c'est l'explication la plus simple pour les données que nous avons. »

En manchettes, 2 mars 1998

Si vous préférez l'astrologie

Difficile de croire, après avoir lu tout ce qui précède, des explosions de rayons gamma aux plaques de glace sur la Lune, en passant par les supernova ou la recherche de vie extraterrestre, qu'il puisse y avoir encore, en 1998, des gens qui trouvent satisfaction dans l'astrologie. Et pourtant...

Avez-vous vu disparaître l'île d'Orléans?

PAR PASCAL LAPOINTE

Si vous n'avez pas encore décidé où prendre vos vacances en l'an 2000, réservez tout de suite une place pour la planète Mars. Ce sera sans doute le seul et unique endroit sécuritaire... à des millions de kilomètres à la ronde!

En effet, s'il faut en croire les prédictions des astrologues, voyants et autres devins, l'an 2000 sera très agité: guerre nucléaire conduisant à l'anéantissement des États-Unis, cataclysme causé par la chute d'une comète géante, pluie de météorites, inversion des pôles, atterrissage d'extraterrestres, retour du Christ, retour de l'antéchrist... Et pour ajouter au tableau, une légion d'auteurs prétend appuyer l'une ou l'autre de ces prédictions sur à peu près n'importe quoi, de la Bible aux légendes des Indiens Hopis en passant par Nostradamus!

Heureusement, ceux qui seraient tentés d'y croire – et ils sont nombreux, à en juger par la prolifération de ces livres, spécialement en début d'année – ont des motifs pour respirer plus à l'aise:

il leur suffit de se rappeler qu'en 1997, les astrologues se sont lamentablement fourvoyés – encore.

« Grand tremblement de terre à la fin de juin. L'île d'Orléans disparaîtra ! » Une prédiction peu banale qui s'était méritée rien de moins, l'an dernier, qu'une page entière dans un quotidien de Montréal. Aux dernières nouvelles, l'île d'Orléans était toujours là...

Un consommateur avisé – après tout, rien n'empêcherait un acheteur de livres d'astrologie d'être aussi un consommateur avisé – trouverait sûrement matière à réflexion s'il consultait les livres de prédictions de l'an dernier, avant d'acheter ceux de cette année : un peu comme celui qui essaie une automobile avant de l'acheter. Car non seulement toutes nos astrologues locales, d'Andrée D'Amour à Jacqueline Aubry en passant par Jojo Savard, se sont-elles fourvoyées, mais, ce qui est plus grave, aucune d'elles n'a « vu » ce qui allaient devenir les événements majeurs de l'année 1997 chez nous – la mort de Marie-Soleil Tougas, la tragédie des Éboulements – ou à l'étranger – le clonage d'une brebis ou la mort de Lady Di.

Hors Québec, la performance n'est guère plus reluisante. En 1997, Lady Di déménagera en Afrique, avait prédit Shawn Robbins. Et M. Robbins a l'insigne honneur de faire partie du « Top 10 » des « psychistes » établi par le *National Enquirer.* Une de ses collègues, jouissant d'une tout aussi bonne réputation, la Britannique Rita Rogers, avait même reçu la visite de Lady Di et de son amant le 13 août, trois semaines avant leur mort. Manifestement, elle ne les a pas prévenus d'un quelconque danger dans les rues de Paris...

« Ils sont censés être les meilleurs voyants du pays, voire de la planète », s'indigne le journaliste scientifique Gene Emery dans son évaluation annuelle des « prédictions ». Si ce sont eux les meilleurs, imaginez les pires !

Il est d'ailleurs amusant de procéder à des comparaisons : tout dépendant du devin auquel vous vous fiez, 1997 aurait dû être l'année où O.J. Simpson a) aurait vu le meurtre de son ex-femme résolu grâce à la télésérie *Elle écrit au meurtre* ; b) aurait été emprisonné pour avoir attaqué une vieille femme après une nuit arrosée ou c) serait devenu une super-vedette en France en tant qu'animateur d'une émission de télé enquêtant sur des crimes non résolus.

Il y a des moments où on se demande s'ils souhaitent qu'on les prenne au sérieux : l'astrologue Clarissa Bernhardt, par exemple, annonçait il y a 12 mois que « des extraterrestres originaires d'une planète pauvre en pétrole viendront sur Terre et, pendant deux semaines, siphonneront nos réserves avant de disparaître ». Simple blague d'une personne à l'imagination fertile ? Pourtant, c'est cette même Clarissa Bernhardt qui, depuis des années, proclame haut et fort qu'elle avait prédit les dévastations causées par l'ouragan Andrew en Floride, en 1992.

L'avait-elle prédit ? Eh bien, pas tout à fait. Elle avait prédit que l'État de Floride serait dévasté... par un tremblement de terre.

« Un coup de chance », commente Gene Emery, qui souligne qu'elle avait aussi prédit, cette année-là, que les kilts deviendraient à la mode en Amérique et que des débris spatiaux tomberaient au Pérou, tuant plusieurs personnes.

Élémentaire, ma chère Jojo...

Certes, lorsqu'une Andrée d'Amour ou une Jacqueline Aubry prédisent qu'en février, l'amour causera du souci aux capricornes, ou qu'en juin, le travail posera des problèmes aux verseaux, ou qu'en septembre, la maison apportera des ennuis aux lions, elles peuvent proclamer avoir « réussi » leurs prédictions. Qui ne l'aurait pas fait ?

C'est justement ce qu'essaie de démontrer depuis deux ans l'Association québécoise des sceptiques avec son concours de prédictions : chaque membre est invité à prédire une série d'événements pour l'année à venir. Douze mois plus tard, on évalue le taux de réussite. Cette année, il était de 30 %, meilleur que ce que pourrait atteindre le meilleur des astrologues, affirme l'association.

Pour 1998, on a changé de méthode : les membres ont joué aux fléchettes ! Avec deux cibles : une première, sur laquelle sont inscrits des événements (tremblement de terre, marée noire, guerre, etc.); une deuxième, sur laquelle sont inscrites les régions du globe. Si certaines de ces «prédictions» devaient se réaliser, faudrait-il conclure que les fléchettes ont un don de voyance?

Au fait, au cas où vous vous poseriez la question : à la fin de l'année 1997, pas une seule de nos distinguées voyantes locales n'a «vu» dans les étoiles une certaine tempête de verglas qui, une semaine plus tard, allait se révéler être la plus grosse du siècle... Ça part mal l'année...

Le Soleil, 25 janvier 1998

La folie de la pleine lune

PAR MICHEL MARSOLAIS

Chez mes collègues de la rédaction, les soirs de pleine lune sont toujours abordés avec appréhension. Avec une assurance de vieux fermiers prédisant la pluie avec leurs rhumatismes, journalistes et chefs de pupitre prédisent ces soirs-là un déferlement de crimes, de signalements d'OVNI et d'appels de « lunatiques ». Cette croyance n'est pas propre aux journalistes. Policiers et ambulanciers sont aussi largement convaincus qu'il se passe quelque chose les soirs de pleine lune, qui augmente le nombre de leurs interventions.

En fait, la croyance est tellement répandue que de nombreuses études scientifiques ont été menées sur le sujet. Elles n'ont jamais démontré grand-chose... à part la vigueur de cette folklorique légende.

En 1982, une étude américaine avait pourtant effectivement relevé un nombre supérieur d'accidents et de violations du code de la route durant les soirs de pleine lune. L'étude devait pourtant être mise en pièces par d'autres scientifiques puisque durant la période examinée par les chercheurs, les soirs de pleine lune étaient presque toujours les week-ends, moments où il y a toujours plus d'accidents.

D'autres études ont parfois démontré une légère hausse de meurtres ces soirs-là, mais encore une fois, leur méthodologie restait trop douteuse pour en tirer de vraies conclusions.

En 1985, Rotton et Kelly ont même fait une analyse de 37 études sur le supposé « effet lunaire » sur le comportement humain (crimes, suicides, admissions en psychiatrie, etc.). Résultat : une variation de l'ordre de 3 centièmes de 1 %. Un chiffre plutôt insignifiant, trop insignifiant en fait pour indiquer la moindre variation tangible.

Le contraire aurait été étonnant. La plupart des gens qui pensent que ce phénomène altère le comportement humain justifient ce fait en soulignant que la Lune provoque bien les marées et que notre corps est composé à 80% d'eau.

Or, c'est faire abstraction de l'échelle. La Lune n'exerce une attraction que sur les océans et les très grandes masses d'eau. Il n'y a pas plus de marée humaine que de marée dans les piscines.

Un autobus qui passe devant vous exerce des millions de fois plus de force d'attraction que la Lune ou n'importe quelle planète. Et si la force d'attraction était en cause, il faudrait davantage se méfier des soirs sans lune, puisque le Soleil est alors derrière la Lune et augmente donc sa force d'attraction.

Alors comment expliquer la persistance du mythe? Peut-être simplement que lorsque la bêtise frappe les soirs de pleine lune, on la remarque davantage.

Le Journal de Montréal, 9 novembre 1997

CINQUIÈME PARTIE
La science, c'est aussi...

En un an, une agence de presse scientifique a le temps de toucher à des tas de choses dont nul n'aurait même soupçonné l'existence un an plus tôt. Ici, c'est l'imagination humaine qui semble sans limite. Là, c'est la volonté plus ou moins avouée d'un chercheur de se rattacher à une mode, afin de faire parler de lui dans les journaux – la mode des dinosaures, par exemple – ou un désir plus ou moins affiché de s'accrocher à une croyance religieuse. Là encore, c'est la politique qui montre le bout de son nez. Le reste du temps, c'est la vie, dans toute sa beauté, toute sa complexité... et tout son charme.

La vie sexuelle des crapauds

Le crapaud mâle de l'Ouest serait perplexe s'il répondait à un questionnaire où se trouve la difficile question : « masculin ou féminin ? ». Il semble en effet incapable de faire la différence ! Résultat, sa vie sexuelle est très simple : si ça bouge, il saute dessus et il attend de voir ce qui se passe. Ce sont des expériences menées à l'Université espagnole de Salamanque qui ont permis de s'en apercevoir : on a offert au crapaud un « choix » de partenaires. Il est tout de suite devenu évident que la bestiole procédait par... essais et erreurs.

1er septembre 1998

Dieu est-il microbiologiste ?

« Et il frappa les eaux qui étaient dans le fleuve, sous les yeux de Pharaon et sous les yeux de ses serviteurs, et toutes les eaux du fleuve furent changées en sang. » Si vous avez plus de 40 ans, vous avez à coup sûr appris dans votre enfance comment Dieu, par la main de Moïse, aurait frappé l'Égypte de dix plaies pour obliger le Pharaon à laisser partir les Juifs. De l'eau changée en sang jusqu'aux invasions de grenouilles et ce, par la seule imposition d'un bâton à l'endroit voulu, voilà l'exemple typique, diront les non-croyants, d'une histoire créée de toutes pièces pour faire peur aux croyants.

Au contraire, proclament aujourd'hui deux chercheurs américains, John S. Marr et Curtis D. Malloy, les dix plaies d'Égypte pourraient très bien s'expliquer par une suite logique de phénomènes naturels, déclenchés par des micro-organismes bien connus : les dinoflagellés. Ces minuscules créatures marines produisent une toxine qui peut faire mourir les poissons et toutes les bestioles qui partagent le plan d'eau – obligeant, par exemple, les grenouilles à déménager en masse – et qui ont en plus la particularité de faire virer l'eau au rouge. Le départ des grenouilles entraîne une explosion du nombre de mouches – une autre des plaies d'Égypte – et l'accumulation de ces malheurs et d'autres entraîne la 10e plaie : la mort des jeunes enfants.

Le Dr Marr reconnaît que son explication n'est pas la seule possible, mais affirme qu'elle est la plus cohérente. La réaction des exégètes de la Bible ? Elle aurait été favorable, dit-il, sauf du côté des fondamentalistes américains, pour qui tout ce qui est en-dessous du miracle est irrecevable.

Memento, 28 août 1998

Souvenir de dinosaure

*L*es dinosaures n'ont pas laissé que des os derrière eux. Ils ont aussi laissé ce que tout animal digne de ce nom laisse comme souvenir, après un repas.

On appelle cela un coprolithe, et une poignée d'experts, à travers le monde, en sont des passionnés. Et ce coprolithe-là sortait de l'ordinaire : un « king size », allaient écrire les chercheurs Timothy Tokaryk et Wendy Sloboda en titrant leur article, dans *Nature*.

Cette crotte de dinosaure est fossilisée, est-il besoin de le préciser. Après une centaine de millions d'années, elle est d'un gris tournant sur le blanc. Mais quelle crotte : elle pèse environ 8 kilogrammes et est remplie de fragments de petits os, reliquats d'un dernier repas.

L'animal qui s'est soulagé à cet endroit était donc un carnivore et pas un petit. En témoigne la taille de son tas de coprolithe, mais surtout, le fait que les fragments d'os ont été identifiés : ils appartiennent à une bestiole de la taille d'une vache ! Et on peut supposer que le mangeur ne s'est pas contenté d'un T-Bone...

Déjà, la découverte a fait le tour de la région – un village de Saskatchewan – où on a commencé à vendre des gilets commémorant « l'événement ». « Ce n'est peut-être pas le genre de célébrité que vous souhaiteriez avoir, admet un représentant du bureau de tourisme local. Mais scientifiquement, c'est un gros morceau. »

Hebdo-Science, 8 septembre 1998

Le défunt le plus controversé du monde

L'homme de Kennewick continue de susciter la querelle. Et ce, 9 000 ans après sa mort.

Cet homme est-il un ancêtre de la plupart des Premières Nations d'Amérique du Nord ? Ou bien, un voyageur égaré, venu d'Asie ? Voire d'Europe, comme voudraient le croire certains ?

Depuis sa découverte il y a deux ans, « l'homme de Kennewick » a suscité plus de querelles que de recherches scientifiques... parce que si les anthropologues souhaitent ardemment l'étudier, les autochtones locaux, eux, n'ont qu'un seul désir : le mettre en terre, comme l'un des leurs.

Pour la région de Kennewick, une petite ville de l'État de Washington, c'est l'événement le plus important d'un XXe siècle jusque-là fort tranquille, et les tours et détours de cette histoire, depuis deux ans, y sont suivis avec attention.

Une histoire qui n'est pourtant, à la base, pas si compliquée : le 28 juillet 1996, deux sportifs découvrent un crâne sur le bord de la rivière Columbia. Un mois plus tard, ce que la police croyait être la victime d'un crime crapuleux se révèle l'un des plus vieux squelettes d'Amérique : 9 000 ans. La nation amérindienne des Umatillas réclame alors que le corps lui soit cédé, en vertu de la loi fédérale de 1990 sur les sépultures autochtones. Le corps du génie de l'armée américaine, propriétaire du terrain, s'apprête à le faire, lorsque huit anthropologues déposent une injonction, exigeant qu'on les autorise à étudier ce témoin privilégié de la préhistoire nord-américaine. Et comme pour rendre le problème plus captivant, le seul anthropologue à avoir pu étudier le bonhomme avant sa « mise sous scellés », James C. Chatters, à qui le coroner de la police avait fait appel, affirme que les traits de l'homme sont plus caucasiens que mongoloïdes – au contraire des Amérindiens.

Deux ans plus tard, la controverse a fait plusieurs fois le tour du monde, s'est rendue jusqu'au Congrès américain, et a transformé Kennewick en attraction touristique.

Au cours de ces deux années, les événements rocambolesques n'ont pas manqué. Il y a eu, par exemple, cette cérémonie religieuse Asatru, un culte hérité des anciens Vikings. Ces gens, rassemblés dans le Nord de la Californie, croient dur comme fer que l'homme de Kennewick était un Européen. Un Européen du Nord, blond aux yeux bleus, cela va sans dire. Les Asatru se sont eux aussi présentés en cour pour faire valoir leurs « droits » sur l'homme de Kennewick. Or, on l'oublie généralement, mais en langage d'anthropologue, « caucasien » n'est pas synonyme de « européen ».

En avril 1998, discrètement, l'armée se débarrassait de la patate chaude en confiant la responsabilité du squelette au Département de l'Intérieur.

Événements rocambolesques ? Celui-ci n'est pas mal non plus : un morceau du squelette a disparu ! Plus précisément, un fragment de fémur, sans que l'armée ne puisse expliquer qui a eu accès au corps.

D'autres fragments, non disparus ceux-là, provenant du métacarpe et totalisant un maigre 1,5 gramme, ont presque autant fait parler d'eux que le bonhomme au complet. Remis à des collègues de l'Université de Californie par Jim Chatters, à l'automne 1996, ils devaient faire l'objet de tests d'ADN, lorsque les Amérindiens ont déposé leur réclamation. Les fragments sont demeurés en attente, les chercheurs ne pouvant pas y toucher, mais ne sachant trop à qui les remettre.

Ça ne s'arrête pas là. En mai 1998, on apprenait du Département de l'Intérieur que l'armée avait par erreur rendu aux Amérindiens un autre fragment. En juin, un groupe d'anthropologues déposait un mémoire outré devant une cour fédérale, affirmant que les mesures appropriées n'avaient pas été prises pour assurer la préservation du squelette : certains os auraient été emmagasinés dans des sacs d'épicerie... Au début de septembre, un juge donnait son accord au déménagement du corps vers le Musée Burke, à l'Université de l'État de Washington, à Seattle, où il serait, disait-on, mieux protégé.

Et pendant tout ce temps, toujours pas de recherche scientifique.

La position du chef religieux des Umatillas, Armand Minthorn, résume à elle seule l'incompatibilité des positions des scientifiques et des autochtones : «De par notre histoire orale, nous savons que notre peuple a vécu sur cette terre depuis le commencement des temps... Certains scientifiques disent que si cet individu n'est pas étudié, nous, en tant qu'Indiens, détruirons des preuves de notre propre histoire. Nous connaissons déjà notre histoire. Elle nous a été transmise par nos aînés et à travers nos pratiques religieuses.»

La Presse, 13 septembre 1998

Les Ginos préhistoriques

Les pierres taillées par nos ancêtres, il y a des centaines de milliers d'années, étaient l'équivalent de nos Ferrari et de nos médaillons en or. C'est la solution qu'offre l'archéologue britannique Steven Mithen à un problème qui hante ses collègues depuis des décennies : plusieurs de ces pierres semblent avoir été taillées avec bien plus de soin qu'il n'en était nécessaire pour simplement couper de la viande. Mieux encore, on trouve sur certains sites des centaines, voire des milliers de pierres parfaitement taillées, et qui n'ont jamais été utilisées. La raison, écrit Mithen : ces pierres servaient avant tout à l'homme désireux d'épater la galerie – et les femmes des alentours.

14 juillet 1998

La grenouille qui pisse le plus loin

La grenouille de Louisiane a un truc infaillible pour échapper à ses prédateurs : elle fait pipi. Ainsi « allégée », elle fait des sauts beaucoup plus longs !

28 avril 1998

La vérité toute nue

*V*ous connaissez les logiciels de filtrage? Ce sont ces outils qui, reliés à votre logiciel de navigation sur Internet, vont jeter un coup d'œil sur le site que vous vous apprêtez à visiter, à la recherche de vilains mots comme «sexe», «nudité» ou «pornographie». Si le filtreur détecte un de ces vilains mots, il vous interdit d'entrer sur le site: beaucoup de parents en ont installé un sur l'ordinateur de leurs enfants. Mais ces logiciels ont été dénoncés pour leur manque de jugement, notamment par des groupes féministes outrés de les voir interdire l'accès à des sites sur le cancer du... sein. La revue d'astronomie *Sky and Telescope* vient d'ajouter sa protestation à la liste: un filtreur a interdit à des écoliers d'entrer sur le site Web de *Sky and Telescope* parce qu'on y trouve des photographies d'étoiles visibles à l'œil... nu.

5 mai 1998

Notre espion dans l'écran de fumée

On croyait avoir tout vu dans la guerre du tabac, mais celle-là nous a pris de court: un géant américain du tabac aurait eu un espion... au magazine médical *The Lancet*!

Il n'y a pas que *The Lancet* qui se retrouve sur la sellette. Il semble qu'au cours des années 1990, la nouvelle stratégie des compagnies de tabac fut la suivante: pour convaincre le peuple de notre bonne foi, achetons les recherches!

En bref, cette histoire triste, c'est celle de chercheurs qui ont produit des résultats destinés spécifiquement à alimenter les relations publiques de l'industrie du tabac. C'est l'histoire de journalistes et d'éditeurs qui se sont retrouvés englués dans cette immense entreprise visant à préserver l'image de cette industrie. Et le pire, c'est que, pendant des années, ça a marché.

Voilà l'histoire que raconte le magazine de vulgarisation scientifique *The New Scientist* dans son édition du 16 mai, à partir des 39 000 documents de l'industrie du tabac déposés le 22 avril par un congressiste américain, au terme d'une lutte de plusieurs années. Ces documents sont au centre d'une poursuite de l'État du Minnesota contre les fabricants de tabac, auxquels l'État réclame un remboursement des frais de santé. Cette cause s'est réglée hors cour à la mi-mai. Une bonne partie de ces documents ne fait que confirmer ce que d'autres du même acabit avaient laissé filtrer l'an dernier: magouilles financières, mensonges quant à l'absence d'effets quantifiables sur les «fumeurs passifs», manipulations de l'opinion publique et des politiciens, et tutti quanti. Mais une petite partie de cette masse de papier ajoute des détails inédits: des projets de recherche appelés Newton, Pavlov ou Descartes – ça fait plus sérieux – mis sur pied dans le but d'obtenir des résultats «positifs»; une recommandation, en 1991, pour créer un organisme scientifique international financé par l'industrie, lequel serait assez puissant pour, c'est écrit noir sur blanc, «supplanter l'Organisation mondiale de la santé et ses agences dans leurs rôles de conseillers auprès de la Communauté européenne». Et enfin, détail embarrassant, un mémo affirmant qu'au début des années 1990, le géant américain du tabac Philip Morris avait des «taupes», bref des espions, au sein d'un comité parlementaire britannique, ainsi que de l'Agence internationale de recherche sur le cancer (liée à l'ONU) et, la cerise sur le gâteau, au milieu de l'équipe de rédaction du prestigieux magazine médical britannique *The Lancet*. Des espions rémunérés, est-il besoin de le préciser.

Le mémo dit: «Un de nos consultants est un rédacteur du très influent journal britannique *The Lancet* qui continue de publier revues, éditoriaux et commentaires sur l'ETS (Environmental tobacco smoke) et d'autres questions.» Le document définit ailleurs un «consultant» comme une personne qui n'est pas payée «tant qu'elle n'a pas effectué son travail».

Tout ceci est-il authentique? On ne le saura pas tant que les personnes concernées, au sein de l'industrie du tabac, n'auront pas commencé à parler, écrit le *New Scientist*. Et on risque d'attendre longtemps, considérant les poursuites en attente devant la justice américaine et celles qui se règlent hors cour depuis l'an dernier, moyennant des millions de dollars que l'industrie du tabac accepte de verser aux hôpitaux ou aux malades.

En attendant, *The Lancet*, qui ne s'est jamais privé par le passé de souligner à grands traits rouges les méfaits du tabac, a demandé à son ombudsman d'enquêter.

En manchettes, 18 mai 1998

Donnez-moi de l'oxygène

*P*ourquoi nos yeux bougent-ils quand nous dormons? Longtemps, les chercheurs ont vu là des mouvements instinctifs liés aux rêves. Une nouvelle étude laisse toutefois croire que ce mouvement rapide de la cornée serait causé par un manque d'oxygène. «La cornée est pleine de cellules vivantes qui ont besoin d'être nourries», explique le Dr David M. Maurice. Or, quelques mouvements rapides permettent à l'oxygène présent dans l'iris (au centre de l'œil) d'être «livré» dans le reste du globe oculaire. Ce processus se produit trois ou quatre fois par nuit, chaque «session» durant plus longtemps que la précédente.

2 juin 1998

Le dentiste d'Astérix

Des archéologues français ont découvert une prémolaire en fer vieille de... 1 900 ans! Vers l'an 100 de notre ère en effet, un jeune homme de la région de Chantambre, dans l'Essonne, s'est fait implanter cette fausse dent, qui semble s'être parfaitement emboîtée à la mâchoire. Les dentistes pratiqueraient-ils le plus vieux métier du monde?

9 juin 1998

Conclusion

Et en 1999?

Bien malin qui pourrait dire ce que nous réservera la prochaine année. On peut certes, sans grand risque de se tromper, prévoir que les astronomes poursuivront leur quête de planètes au-delà de notre système solaire, et qu'ils en détecteront au moins une 13e et une 14e, que les chiffres alarmants sur le réchauffement global continueront de s'accumuler et que de nouveaux records seront battus, que le projet génome humain progressera à pas de géants, stimulé par la concurrence entre deux compagnies privées, sinon trois...

Mais ces prévisions sont trop simples, trop évidentes, trop faciles – bref, elles sont du bois dont se chauffent les astrologues, mais elles ne nous apprennent pas grand-chose. Or, l'année qui vient, comme celle qui s'achève, ne pourra faire autrement que de comporter sa part d'inattendus. Comme une certaine crise du verglas. Ou comme la brebis Dolly, au début de 1997. Ou encore, comme cette possibilité de faire «pousser» des organes humains en laboratoire, qui venait tout juste d'être annoncée au moment où ce livre partait sous presse et qui ouvre des perspectives au moins aussi inquiétantes que Dolly, mais qu'aucun des futurologues, les yeux braqués sur le clonage, n'avait vu venir. On peut également prévoir que la conjoncture, en 1999, fera en sorte d'amener, plus souvent encore qu'en 1998, la politique au premier plan : la nécessité d'une réglementation sur la recherche médicale entourant les embryons humains se fera soudain plus urgente ; l'Amérique du Nord ne pourra faire autrement que d'emboîter le pas à l'Europe dans le débat public sur les aliments transgéniques (mais est-ce que ça se produira en 1999 ou en 2000 ?). Quant à la station spatiale internationale, on peut aisément imaginer qu'elle ne fait que commencer à alimenter des querelles entre Américains et Russes sur ses retards. Enfin, 1999 pourrait être – qui sait? – l'année où le public des pays du Nord réclamera des gouvernements qu'ils ne laissent pas les populations du Sud se débrouiller seules avec l'explosion du sida; mais là, on est en plein rêve...

Une seule chose est sûre: si 1999 ne se révèle qu'à moitié aussi agitée que 1998, les amateurs de science auront amplement de quoi s'occuper avec leurs médias préférés. Et qui sait, peut-être croiserez-vous, au détour d'une page ou d'un site Web, une contribution de l'Agence Science-Presse à l'édifice, en construction perpétuelle, de la culture scientifique?

On peut suivre chaque semaine une partie de la couverture de l'actualité scientifique que fait l'Agence Science-Presse sur son site Web, à http://www.sciencepresse.qc.ca